# 목회 멘토링

# 목회 멘토링

지은이 | 김관성 · 최병락
초판 발행 | 2022. 10. 26
2쇄 발행 | 2022. 11. 29
등록번호 | 제1988-000080호
등록된 곳 | 서울특별시 용산구 서빙고로 65길 38
발행처 | 사단법인 두란노서원
영업부 | 2078-3352 FAX | 080-749-3705
출판부 | 2078-3331

책값은 뒤표지에 있습니다.
ISBN 978-89-531-4344-9 03230

독자의 의견을 기다립니다.
tpress@duranno.com www.duranno.com

두란노서원은 바울 사도가 3차 전도여행 때 에베소에서 성령 받은 제자들을 따로 세워 하나님의 말씀으로 양육하
던 장소입니다. 사도행전 19장 8-20절의 정신에 따라 첫째 목회자를 돕는 사역과 평신도를 훈련시키는 사역, 둘째
세계선교(TIM)와 문서선교(단행본·잡지) 사역, 셋째 예수문화 및 경배와 찬양 사역, 그리고 가정·상담 사역 등을 감당하
고 있습니다. 1980년 12월 22일에 창립된 두란노서원은 주님 오실 때까지 이 사역들을 계속할 것입니다.

# 목회 멘토링

후배 사역자들을 위한
균형 잡힌 목회 가이드

**김관성 × 최병락**
지음

두란노

## 차례

프롤로그 : 최병락　　　　　　　　　6


**1장** 。　**목회자의 기본**

소명　　　　　　　　　　12

신학생의 기본기　　　　28

신학생에서 목회자로　　47


**2장** 。　**목회자의 내면**

성품　　　　　　　　　　64

소통　　　　　　　　　　84

**3장** 。 **목회자의 자기 계발**

독서      102

조직신학      119

설교      135


**4장** 。 **목회자의 현장**

부사역자      154

교회 개척      170

부임      189


**부록: 못다한 질문 모음**      206

**에필로그 : 김관성**      236

신학대학교 입학식을 일주일 앞두고 친구와 저는 주일 열한 시 예배에서 특송을 했습니다. "부름받아 나선 이 몸 어디든지 가오리다 괴로우나 즐거우나 주만 따라가오리니 어느 누가 막으리까 죽음인들 막으리까 어느 누가 막으리까 죽음인들 막으리까." 떨리는 목소리로 한 음 한 음 힘주며 불렀던 그 찬송이 아직도 생생하게 기억납니다. 그렇게 친구는 신학과에, 저는 기독교 교육학과에 입학을 했습니다.

졸업 이후 유학을 위해 친구는 영국으로, 저는 미국으로 떠났습니다. 유학에서 돌아온 친구는 수도권에서 목회를 하고 저는 미국에서 교회 개척을 했습니다. 둘 다 힘겨운 시간을 보냈습니다. 친구는 고된 하루를 사는 성도들을 열심히 목양했습니다. 저는 이민생활에 멍들고 상처 입은 영혼들과 함께 하루하루를 버티듯 목양했습니다. 친구의 교회는 조금씩 성장했고 새로운 목회자를 청빙할 수준이 되었을 때, 그는 행신 지역에 교회를 개척했습니다. '건강하고 민주적인 교회'를 지향하며 시작한 교회는 괄목할 만한 성장을 이루었고, 영향력 면에서는 대형 교회에 못지않은 교회가 되었습니다. 그런 후 부목사에게 교회를 이양하고 다시 고향 울산에 교회를 개척했습니다. 낮은담교회의 시작은 모두를 깜짝 놀라게 했습니다. 이제, 교회 개척을 준비하는 목회자들에게 김관성 목사는 누구보다도 해 줄 이야기가 많은 사람이 되었습니다.

미국에서 '세계와 미국과 한국을 그리스도께'라는 비전을 품고 개척한 세미한교회는 이민 교회에서 주목받는 대형 교회가 되었습니다. 강남중앙침례교회의 청빙을 받고 1년 동안 거절하면서 세미한교회를 더욱 자세히 들여다보았습니다. '누가 와도 성장할 수 있는 교회 시스템인가', '성도들은 잘 훈련되어 있는가', '선교의 본질적 사역이 장기적으로 가능한 시스템을 구축했는가'. 이에 대한 대답을 얻고 나서야 한국으로의 부르심에 순종할 수 있었습니다. 결국 21년 만에 돌아왔습니다. 제가 떠나온 2018년 이후 세미한교회는 더욱 더 건강하게, 괄목할 만한 성장을 지속하고 있습니다. 또한 한국에 부임하여 섬기고 있는 강남중앙침례교회는 코로나 중에도 가파르게 성장하는 중입니다. 지방이 늘어나는 교회가 아니라 근육이 커 가는 교회로, 하나님의 지상 명령에 민첩하게 반응하는 교회가 되려고 노력하고 있습니다.

이런 친구 두 명이 대화를 나누었습니다. 교회를 개척하고 목회를 준비하는 이 땅의 많은 후배들에게 전할 말이 있을까 하여 시작했습니다. '실수를 통해 배운 것들', '지나고 보니 아쉬웠던 것들', '지금 다시 시작한다면 집중하고픈 것들', '이것만은 반드시 준비해 두었으면 하는 것들' 등 말문이 열리니 전하고픈 말이 한두 가지가 아니었습니다. 고맙게도 〈목회와신학〉에서 기획 인터뷰로 장을 마련해 주었고, 편하게 만나 차 한 잔 마시는 마음으로 허심탄회하게 이야기를 나누었습니다. 이것을 두란노 출판사에서 내용을 보강하여 고마운 책을 만들어 주었습니다.

교과서가 아닙니다. 참고서라고 하기에도 초라하며 개인적인 견해가 많습니다. 하지만, 인터뷰가 진행되는 동안 많은 목회자에게 연락을 받았고 큰 도움이 되었다는 피드백을 꽤 받았습니다. 어떤 목회자는 이런 내용을 10년 전에만 알았더라면 지금의 목회가 달라졌을 거라며 아쉬워하는 문자를 보내셨습니다. 모든 사람에게 도움은 못 되어도 꼭 필요한 분에게 도움되기를 바랍니다.

목회를 준비하는 신학생들, 교회 개척을 준비하는 목회자들, 목회 중에 답과 길이 잘 보이지 않아 막막한 분들에게 실낱같은 도움이라도 되기를 바라는 마음에 인터뷰가 책이 되는 것에 기쁘게 동의했습니다. 부디 이 책이 많은 목회자들의 손에 전해져 부름받은 저마다의 땅끝에서 사명을 완수하는 데 작은 도움이라도 되기를 바랍니다.

목양실에서 최병락 목사

1장

목
회
자
의

기
본

소명

## 목회자에게 소명이 중요한 이유는 무엇인가요?

**김관성** ◦ 하나님의 부르심을 아는 것보다 중요한 것은 없습니다. 그것이 목회자의 정체성과 평생의 사명이 되기 때문입니다. 소명은 고통스럽고 힘든 날들을 이겨내고, 목회의 길을 완주하는 것의 핵심적인 동력입니다. 또한 소명 없이 이 길을 나섰다가 한 사람의 인생이 망가지는 경우가 많습니다. 자기 인생만 어그러지고 무너지는 것이 아니라 다른 사람의 인생과 주님의 몸 된 교회가 어려움을 당하게 됩니다.

목회적 조언을 위해서도 소명을 인식하는 것이 중요합니다. 부름받은 확신이 있어야 목회를 테크닉 이상으로 생각하기 때문입니다. 그런 의미에서 목회 소명은 모든 주제 중 가장 먼저 다루어야 할 정도로 중요하다 생각합니다.

**최병락** ◦ 미국에서 개척해서 17년, 강남중앙교회 부임해서 3년, 목회를 20년 동안 했습니다. 많은 위기가 있었습니다. 목회적 역량이 부족하게 느껴지고 계획과는 다른 결과가 나타날 때 좌절했고, '목회자로 부름받은 것이 맞나? 고국을 떠나 미국에서 왜 이러고 있는가? 이것이 무슨 의미가 있는가?' 등의 질문으로 밤을 새우기도 했습니다.

그러한 고민을 벗어나게 한 것이 고등학교 2학년 때 받은 소명이었습니다. 힘들고 암울할 때 그 시간을 견디게 해 주는 것은 상황의 반전이 아니라 목회자의 소명입니다. 유진 피터슨은 "푸줏간에서 일하는 아버지가 고기를 자르는 모습을 보며, 제사장이 하나님 앞에 제사 드리기 위해 각을 뜨는 것과 같았다. 푸줏간의 일은 아버지의 소명의 자리였고, 왕업이었다"라고 고백하며 일상의 소명에 대해 이야기합니다. 목회자에게도 소명은 중요합니다. '당신을 목회자로 부르셨다는 소명이 있는가'에 대해 고민하는 것이 필요합니다.

## 목회 소명에 대해서 어떻게 정의하시나요?

**최병락** 。  예레미야는 예언자의 사명을 힘겨워했습니다. 하지만 힘겨워 멈추려고 할 때마다 "내가 다시는 여호와를 선포하지 아니하며 그의 이름으로 말하지 아니하리라 하면 나의 마음이 불붙는 것 같아서 골수에 사무치니 답답하여 견딜 수 없나이다"(렘

20:9)라고 고백하며 다시 예언자의 길을 나섰습니다.

목회 소명도 목회가 좋아서 하는 것이 아니라, 좋지 않아도 하지 않으면 견딜 수가 없는 것입니다. 하지 않을 수 없어 무조건 해야 하는 것입니다. 목회가 너무 힘겨워 그만두고 싶다고 생각하다가도, 어느새 말씀을 준비하는 자신을 발견하는 것입니다.

**김관성** ◦ 목회 소명에 대해 찰스 스펄전은 "사역을 향한 강렬하며 몰입적인 열망"이라고 표현했습니다. 하나님의 말씀을 가르치고, 사람들을 돌보아야 한다는 강박에 사로잡히는 것을 의미합니다. 이를 나의 언어로 표현하면 "목회 소명은 이 일이 아니면, 내 인생은 아무 의미가 없다고 느끼는 것"입니다. 목회가 아니면 괴로워서 삶을 지탱할 수 없다고 여기는 징표가 목회 소명이라고 정의 내리고 싶습니다.

## 목회 소명을 어떻게 받았는지 소개해 주세요.

**김관성** ◦ 1차적 소명은 고등학교 때 받았습니다. 당시 부흥회에서 예수님을 인격적으로 만나면서, '남은 인생 어떻게 하나님을 영광스럽게 할까?' 생각하다가 목회자가 되기로 서원했습니다.

그런데 신학교에서 공부하면서 소명이 희미해졌습니다. 사역하는 데 열매가 별로 없었습니다. 나름대로 그려 왔던 목회자의 삶과는 너무 달랐습니다. 아내 앞에서 "그만하고 싶다"며 울기도 했습니다. 그런데 막상 목회를 그만두려니 더 막막했습니다. '왜 내 사역의 현장에는 하나님의 능력이 나타나지 않을까? 하나님은 왜 나를 끊임없이 방치하시나?'라는 실존적 고민을 했고, 소명이 흔들렸습니다. 그러다 목사 안수 받고 목회를 하면서 '하나님이 나를 확실하게 부르셨다'는 확신을 갖게 되었습니다. 이처럼 오랜 시간 오락가락하면서 목회적 소명이 내 안에 자리잡았습니다.

**최병락** 。 형님이 고등학교 다니면서 신앙생활을 참 열심히 했습니다. 세상의 빛과 소금이 되기 위해 새벽 네다섯 시에 일어나서 동네 마당을 청소할 정도였습니다. 그런데 본인이 우리집 장남이라 목회를 하지 못할 것 같아 당시 중학생인 제게 목회하라는 이야기를 했습니다.

고등학교 친구인 김관성 목사도 제게 "너도 함께 신학교 가서 목사 되자"고 했습니다. 사관학교에 진학하려고 했기에 그 말들을 지나쳤습니다. 하루는 김관성 목사가 "사관학교 가는 것 하나님 허락받았냐? 그것도 허락받고 가야 한다. 기도하러 가자"고 하며 저를 울산침례교회 특별새벽기도회에 이끌고 갔습니다. "하나님! 저 사관학교 가도 되죠?" 하고 일어서려는데, "주님이 원하시면 이 길을 가겠습니다"라는 기도가 나오며 눈물이 쏟아졌습니다. 이러한 경험으로 신학교에 가게 되었습니다.

신학교에 들어가서 민중신학을 접했는데, '복음은 빵을 주는 것'이라는 생각을 하게 되었습니다. 시간이 날 때마다 노숙자에게 이불과 빵을 나눠주었고, 어려운 사람을 위해 가진 것의 반을 쓰는 생활을 했습니다. 입대할 때는 "오늘부터 나는 예수를 2000년 전에 살다가 간 한 청년으로 본다"라고 말할 정도로 믿음이 떨어졌습니다.

그런데 입대 후 아버님이 돌아가시고, 특수부대에 가서 여러 가지 고생을 하며 영적 공허함으로 인해 밤을 지새우는데 주님이 찾아오셨습니다. "배고프지? 외롭지? 빵 줄까?"라는 예수님의 말씀에 "빵 싫어요. 복음 주세요"라고 대답했습니다. 배고프고 외로움을 겪어 보니까, 빵이 복음보다 먼저일 수가 없었습니다. 이러한 2차적 회심으로 인해 주님 앞에 돌아와 목회자로 설 수 있게 되었습니다.

여러 과정을 거치면서 '목회 소명은 나침반과 같다'는 생각을 했습니다. 나침반 바늘은 항상 흔들리지만, 그 방향은 항상 북극을 향합니다. 마찬가지로 목회도 갈등과 위기로 흔들릴 수 있지만, 방향은 언제나 부르심을 향해 있다고 생각합니다.

# 목회 소명을 어떻게 분별할 수 있나요?

**최병락** 。  먼저 내적 소명에 대한 확신이 있어야 합니다. 하나님의 부르심이 불분명한 상태에서 시작하는 것은 너무 위험하고, 무모합니다. 복음을 전하고 싶은 열정과 목회 소명에 대해서 구분할 줄 알아야 합니다. 복음을 전하는 것은 모든 기독교인이 가져야 하는 소명이기 때문입니다. 특별한 소명을 받아야 복음을 전하고 선교하는 것이 아니라, 기독교인이라면 당연히 복음 전하고 선교하는 삶을 살아야 합니다.

목회자가 되어 복음을 전하려면 한 자리에서 오랜 시간 말씀을 연구하는 탐구력도 있어야 하고, 설교를 호소력 있게 전할 수 있는 능력도 필요합니다. 또한 가까운 지인들에게 "목회자가 되라"는 이야기를 자주 듣는지도 중요합니다. 나를 잘 아는 지인들에게 인정받을 정도로 신실한 것이 목회자에게 중요합니다.

마지막으로 목회의 길이 아니면 못 살 것 같은지도 중요합니다. 그러한 마음의 간절함이 중요한 기준점이 됩니다.

**김관성** 。  누군가 소명을 받았다고 저를 찾아오면, 다음과 같은 기준으로 판단합니다. 첫째 기준은, 평상시에 말을 조리 있게 하는 사람인가 보아야 합니다. 마틴 로이드 존스 목사님은 "말을 체계적으로 조리 있게 하지 못하는 사람은 설교자로 부름받지 않았다"라고 말합니다. 이는 말을 수려하게 구사해야 한다는 의미가 아니라, 자기가 가지고 있는 생각을 조리 있게 표현할 능력이 있어야 한다는 말입니다.

둘째, 예수 그리스도의 복음이 무엇인지 설명할 수 있는 사람인지 살펴야 합니다. 의외로 많은 사람이 성경적인 기반 위에서 복음이 무엇인지 설명하지 못합니다. 장황하게 말은 하지만 복음의 핵심적인 의미를 설명하지 못합니다. 그럴 경우에는 다시 공부를 하든, 목회 소명에 대해 생각해 보든 해야 합니다.

셋째, 사역에 대한 열정과 간절함이 있는 사람인지 봅니다. 목회자의 길과 다른 길 사이에서 우왕좌왕하거나, 목회하다가 잘 안되면 빠져나갈 방법을 마련해 둔 사람은 실패할 확률이 높습니다. 목회 소명을 받았다고 하면 진실한 마음으로 인생 전부를 드릴 각오가 있어야 합니다.

마지막으로, 전교인이 그의 목회 소명에 대해 지지하는가 묻습니다. 교인 대다수가 그에 대해 말씀을 전하는 은사가 있고, 인격적으로 목사로 살아가기에 부족함이 없다고 인정해 주어야 합니다. 이처럼 목회자가 되고 싶다면 교회 공동체의 공적인 지지를 받을 수 있어야 합니다.

## 여러 가지 이유로 목회 소명이 흔들리고, 그만두고 싶은 마음을 갖는 목회자들이 많습니다. 이들을 어떻게 도와야 할까요?

**김관성** 。 목회자 중에 목회를 그만해야겠다는 고민을 하지 않는 사람은 없을 것입니다. 사생활이 없다시피 하고, 사례비가 온 교회 성도들에게 공개되고, 설교에 대해서는 끊임없이 직간접적으로 평가받는 것이 쉽지 않습니다. 더구나 다양한 성도 중 한 사람에게라도 상처를 주거나 인정받지 못하면 교회 안에 이상한 기류가 형성됩니다. 이처럼 어렵기에, 흔들림 없이 목회한다는 것이 거의 불가능합니다.

실제로 목회의 어려움과 고민을 가지고 찾아오는 분들도 많습니다. 그럴 때 다음과 같이 말합니다. "목사님! 그만두어도 됩니다. 다른 일도 많이 있습니다." 이때 진짜 목회 소명이 있는 분은 "목사님! 아닙니다. 그래도 이 길을 가고 싶습니다"라고 하며 용기를 냅니다. 반면 그렇지 않은 분은 진짜 목회를 그만둡니다. 이는 이 문제가 누군가의 조언이나 위로에 의해서 결정되는 것이 아님을 보여 줍니다. 무엇보다 목회 소명이 중요합니다. 목회 소명이 있는 사람은 아무리 그만두고 싶고, 포기하고 싶어도 끝까지 그 길을 포기하지 않습니다.

목회자가 어떤 이유로 그만두고자 하는지 정확하게 진단하는 것도 중요합니다. 영적인 문제인지, 건강의 문제인지, 번아웃이

나 우울증과 같은 심리적인 문제인지 진단하고, 진단에 맞는 답을 찾아야 합니다. 쉼이 필요해 휴가를 주어야 할 일을 기도로 해결하려고 하거나, 건강의 문제를 영적으로 해결하려고 하지 말아야 합니다.

**최병락** 。  하나님은 각 영혼을 향한 시간표를 가지고 있습니다. "주께서 일어나사 시온을 긍휼히 여기시리니 지금은 그에게 은혜를 베푸실 때라 정한 기한이 다가옴이니이다"(시 102:13). 이 말씀처럼, 목회를 하다보면 3년, 5년, 7년 하나님이 정해 놓은 은혜들이 있습니다. 조금만 더 버티면 그 은혜들이 있음을 기억하며 용기를 내야 합니다.

그래도 그만두어야겠다는 마음이 들면, 그만두는 것에 대해 기도하고 응답받아야 합니다. 목회 소명이 나의 길이 아니라는 주님의 음성을 듣고 나서 판단해야 합니다. 부르심도 그만두는 것도 나의 판단이 아니라, 주님의 뜻에 의해서 결정해야 합니다.

마지막으로 목회적 방향이 비슷하고 같은 꿈을 꿀 수 있는 동료가 필요합니다. 미국 댈러스에서 목회할 때, 목회자 모임을 몇 년 동안 지속했습니다. 아홉 명이 모였는데, 그 중 한 분이 목회지에서 어려움을 당해 다시 개척하는 상황이 생겼습니다. 이때 여덟 명이 힘을 모아 개척을 도왔고, 그 결과 빠른 시간 안에 회복했습니다. 이처럼 넘어질 때 일으켜 주고 버팀목이 되어 주는 동료가 있어야 합니다.

**최병락** 。  목회자로 부름받았지만 목회에 집중할 수 없는 상황이
어서 이중직을 하는지, 목회뿐 아니라 다른 일도 하나님 나라를
위해 중요하게 여기는 이중직인지에 따라 조언의 내용이 달라져
야 합니다. 자기의 전문 직종을 통해서 하나님께 영광 돌리는 동
시에 목회자로 부르심을 받았다면 그에 따라 사역을 감당하면 됩
니다.

하지만 오늘날 많은 이중직 목회자가 생계를 위해 어쩔 수 없
이 목회와 일을 병행하는 케이스에 해당합니다. 이런 분들에게는
용기가 필요하다는 조언을 하고 싶습니다. 사도 바울도 생계를
위해 텐트를 만들었지만, 이중직 목회자였다고 보는 것보다 상황
에 따라 유연하게 반응했다고 보는 것이 맞습니다. 그는 선교와
전도에 집중할 수 있는 상황에는 그 일에만 집중했습니다. 마찬
가지로 이중직 목회자도 어느 순간이 되면 절벽에서 뛰어내리는
심정으로 목회에 집중하는 선택을 할 필요가 있습니다.

미국에서 개척할 때 목회에 집중하는 선택을 했습니다. 그로

인해 가족이 고생을 많이 했습니다. 아내는 가발 가게에 다녀야 했습니다. 방 두 개 중 하나는 월세를 주고, 네 식구가 한 방에서 지내야 했습니다. 하지만 목회에 집중하는 것을 최우선 순위로 놓았고, 그것이 지난 17년 동안 미국에서의 목회에서 큰 자양분이 되었습니다.

**김관성** 。 교회를 처음 개척했을 때, 영어 학원을 운영했습니다. 영어 전공자인 아내와 전도사님들과 함께 주중에는 학원에서 가르치고, 주말에는 교회 사역에 집중했습니다. 두 가지를 모두 성공적으로 하고 싶었지만 쉽지 않았습니다. 영어 학원에 더 많은 시간을 쏟아 부었기 때문에 목회에 소홀해지는 부분이 생겼습니다. 이런 경험 때문에 가능하다면 이중직 목회보다는 목회에 집중할 수 있으면 좋겠다고 생각합니다.

이를 한국 교회적으로 생각할 필요도 있습니다. 오늘날 목회 환경은 전통적인 목회만 고집할 수 없는 상황이 되었습니다. 많은 목회자가 이중직 목회를 할 수밖에 없는 상황입니다. 이때 그들의 생계를 책임지지도 못하면서 이중직 목회를 금지하는 것은 시대착오적입니다. 하지만 스스로 돈을 벌며 목회하는 것만이 정직하고 깨끗하며 시대에 부합하는 목회자라고 말하는 것도 문제가 있습니다.

> 오늘날 일부 목회자들의 목회 소명보다 기술적인 측면에 집
> 중하는 경향에 대해서는 어떻게 생각하시나요?

**김관성** 。 전도사 시절에 목회 준비를 잘해야 한다는 조언을 많이 들었습니다. 설교, 찬양, 교회 행정, 상담 등을 잘할 수 있도록 준비해야 하나님 앞에 쓰임 받을 수 있다는 내용이었습니다. 전형적으로 기술적인 측면을 강조하는 이야기였습니다. 그런데 개척을 하고 당시에 준비한 것들이 무용지물이 되는 경험들을 했습니다. 신학교 시절에 내 강점이라고 여기고, 잘 준비했다고 여겼던 것들이 목회 현장에서는 쓸모가 없었습니다. 그때 '하나님은 내가 무엇인가를 잘 준비해야 소명을 주시는 분이 아니라, 내가 준비한 것을 무용지물로 만들면서 하나님만을 붙잡게 하시는 분이구나'라고 깨달았습니다. 소명이 분명하면 기술적인 측면은 얼마든지 발전할 수 있습니다.

실제로 후배 목회자들을 보면 설교, 교회 행정 등 목회적인 부분에서 잘 준비되었다고 여겨집니다. 그런데 이상하게 무게감이 떨어지는 경우가 있습니다. 선배 목회자들이 가진 하나님을 사랑하는 마음, 신실함이 약화되었기 때문이라고 생각합니다.

전에 섬기던 교회에 전도사님 두 분이 계셨습니다. 한 분은 누가 봐도 좋은 설교자였습니다. 말씀에 대한 주해도 탄탄하고, 청량감도 있었습니다. 다른 한 분은 원고를 준비해 와서 읽는 스타

일의 설교자였습니다. 아무래도 첫 번째 분의 설교가 더 듣기 좋았습니다. 그런데 성도들은 원고를 읽는 전도사님의 말씀에 더 은혜를 받았습니다. 성품이 좋아 성도들과의 관계가 좋았기 때문입니다. 기술보다는 성품이 더 중요함을 보여 줍니다.

**최병락** ○　미국에서 목회할 때 20여 명의 사역자와 동역했습니다. 강남중앙침례교회는 더 많은 사역자가 동역합니다. 그런데 목회자를 청빙할 때 가급적이면 이력서를 보지 않으려고 합니다. 이력서는 기술적인 면이 부각되는데, 그것이 목회에 있어 중요하지 않다고 생각하기 때문입니다.

　미국에 있을 때 친구 목회자의 추천으로 한 분을 청빙했습니다. 청빙하고 보니 하나님을 깊이 사랑하고 성품이 좋은 것이 눈에 보였습니다. 실제로 자신과 크게 상관없는 사역을 맡게 되었는데, 밤을 새면서 사역에 필요한 기술을 습득했고, 몇 개월이 지난 후에는 전문가 이상으로 맡은 사역을 감당했습니다. 이처럼 성품과 소명을 분명히 가진 사람이 목회적으로 필요한 것도 잘 습득합니다.

　예수님도 베드로에게 양을 맡기실 때, "무엇을 할 줄 아느냐"고 묻지 않으시고, "네가 나를 사랑하느냐"고 물으셨습니다. 하나님을 사랑하는 마음과 거룩한 성품이 무엇보다 중요함을 보여 주는 것입니다.

## 개척하는 이들이 어느 때보다 많아지고 있습니다. 개척의 소명에 대해서 말하자면?

**최병락** 。 '개척의 소명'이라는 단어부터 다시 정의해야 합니다. 개척의 소명은 개척을 하고 3년 정도 성장시킨 후 적임자를 세우고, 다시 개척하는 것입니다. 이렇게 20-30개의 교회를 개척하여 세우는 은사를 가진 분이 개척의 소명을 가진 분입니다.

그렇다고 이들만 개척을 하는 것은 아닙니다. "부름받아 나선 이 몸 어디든지 가오리다"라는 찬양처럼 목회자는 주님이 부르시는 곳이라면 어디든지 순종해야 합니다. 부임을 할 수도 있고, 개척을 할 수도 있습니다. 그러나 기왕이면 개척을 해 보는 것이 좋습니다. 개척을 하는 가운데 겪는 고통을 견디고 이겨내는 과정이 목회자를 성장시키는 데 큰 자산이 되기 때문입니다.

**김관성** 。 목회의 꽃은 개척입니다. 그래서 첫 사역은 맨 땅에 헤딩하는 개척을 하거나, 그에 준하는 사역의 현장을 경험하는 것이 좋습니다. 그곳에서 마취 없이 배를 가르고 수술을 받는 처절한 고통을 경험하면서 하나님이 누구신지, 인생이 무엇인지, 인간이 어떤 존재인지를 영혼 깊이 새길 수 있습니다. 아무것도 준비되지 않은 상황에서 사역을 감당하면서 주님의 몸 된 교회가 세워지기 위해, 얼마나 많은 사람의 수고와 눈물과 땀이 있어야 하는지 배울 수 있습니다. 그 과정에서 한 영혼의 소중함과 교회를 사랑하는 마음을 깨닫게 됩니다. 목회 소명이 강화됩니다.

> **목회 소명을 받은 자들에게 꼭 한 가지 기억하라고 조언해 주십시오.**

**김관성** ◦  목회하다 보면 화가 날 때도 있습니다. "목회 아니면 할 것이 없어서 목회하냐"고 소리치고 싶을 때도 있습니다. 바로 그때 자신을 돌아보며 "나는 목회 아니면 할 것이 없는 사람"임을 기억하면 좋겠습니다. 또한 신자로 살면서 가장 영광된 자리로 부름받은 사람이 목회자라는 사실을 잊지 말고 끝까지 경주하시면 좋겠습니다.

**최병락** ◦  목회자로서 항상 이 말씀을 마음에 새기며 살아가면 좋겠습니다. "하나님의 은사와 부르심에는 후회하심이 없느니라"(롬 11:29). 실수하지 않으시는 하나님이 나를 불러 주셨다는 믿음으로 힘들고 어렵더라도 들어선 목회의 길을 끝까지 완주하기를 바랍니다.

# 신학생의 기본기

## 신학대학원에 가기 전 과정으로 신학대학교와 일반대학교 중 어떤 곳을 추천하십니까?

**김관성** ◦ 크게 중요한 문제는 아니라고 생각합니다. 하나님은 일반대학교의 과정을 통해서도 사람을 빚어서 사용하실 것이고, 신학대학교를 통해서도 역사하실 것입니다.

다만 제 개인적인 경험을 이야기하자면 신학대학교에 가서 얻은 유익이 많습니다. 성경에 대해 눈을 뜨고, 무엇이 중요한 신학적 이슈인지 감을 잡은 것이 많은 도움이 되었습니다.

또한 신학대학교에 가면서 사역을 일찍 시작한 것이 도움이 많이 되었습니다. 사역적인 센스를 강화하고, 사람들로부터 외적 소명을 확인하며 학부 시절부터 잘 준비될 수 있었던 것이 큰 유익이었습니다.

**최병락** ◦ 소명을 늦게 받았다면 할 수 없지만, 중고등학교 시절 받았다면 신학대학교에 가는 것을 추천합니다. 나이가 어릴 때 성경을 깊이 접할 수 있고, 어떤 책을 읽어야 하는지 알 수 있기 때문입니다. 그런 후 신대원에 들어가면 좀 더 깊이 있게 신학을 연구할 수 있습니다.

신학대학교는 사역적으로도 도움이 많이 됩니다. 저는 기독교 교육을 전공했는데, 주일학교 전도사로 섬기면서 공과 교재를 직접 만들어 사용했습니다. 어린이들의 눈높이에 맞춘 교리 교육에 관한 교재도 만들었습니다. 이런 영향으로 목회를 하는 중에 필요한 제자훈련 교재를 어렵지 않게 만들 수 있었고, 교인들을 양육하는 데 많은 도움을 받았습니다.

만약 일반대학교를 거쳐 신학대학원(이하 신대원)으로 가기로 결정했다면, 전공을 신중하게 선택해야 합니다. 독일어, 철학, 교육학 등 신학에 필요한 기초 학문을 다지고 신대원에 가는 것이 도움될 것입니다.

> 신대원에 들어가면 '모두 목회자감은 아니다'라는 생각이 들면서 실망하는 경우도 있고, 평생 동역자를 만나기도 합니다. 신학교에서 교우 관계는 어떻게 해야 할까요?

**최병락**。 신학교 시절, 마음이 맞는 친구들과 성경과 신학적 이슈에 대한 이야기를 나누는 모임을 만들었습니다. 이를 통해 신학적 사고가 깊어지는 경험을 했습니다. 이러한 모임을 통해 목회 현장에서도 관계를 지속할 수 있는 친구를 만드는 것이 중요하다고 생각합니다.

**김관성** 。 신학교에는 수업이 끝나면 기도하러 가는 경건파, 영어 공부만 하는 유학파, 매일 운동장에 가서 운동하는 운동권이 있습니다. 그런데 현장에 나와 보니 아이러니하게도 경건파보다는 운동권이었던 분들이 목회를 잘하는 경우가 많았습니다. 이를 보면, 학부 시절 우리 눈에 비춰진 모습이 그의 일부라는 사실을 알 수 있습니다. 우리가 세운 기준이 불완전하다는 것입니다. 그러므로 신학교에서부터 친구를 '하나님이 쓰실 사람', '안되는 사람' 식으로 나누는 것을 경계해야 합니다.

또한 신학교 시절에 누구와도 잘 지낼 수 있는 사람으로 훈련되어야 합니다. 경건파와 함께 기도하는 자리에 가고, 유학파와 함께 공부도 하고, 운동권과 함께 운동도 할 줄 아는 사람이 되어야 합니다. 특별히 나에게 유익한 사람보다는 도움이 필요한 사람과 친구 되는 연습을 해야 합니다. 그들을 품어 내는 훈련이 필요합니다. 영향력 있고 똑똑한 사람들이 아닌 세리와 죄인들과 함께하는 것이 주님께서 우리에게 보여 주신 삶이기 때문입니다.

저도 경제적, 정서적으로 불안한 구석이 많았는데, 친구들이 의리 있게 저의 인생을 안아 주었습니다. 그것으로 인해 저의 불안함이 다듬어지면서 여기까지 올 수 있었습니다. 친구들의 사랑을 받았던 경험이 '나도 받은 은혜대로 어려운 사람을 품는 목사가 되어야겠다'고 결심하게 만들었습니다.

**최병락** 。  그렇습니다. 하나님을 깊이 아는 것만큼이나 사람과의 관계도 중요합니다. 주변 사람과 소통을 잘하는 사람이 다른 목회자나 성도와도 소통을 잘 합니다. 그런 면에서 신학교에서 친구와 소통하고 관계를 맺는 훈련은 목회에서 중요한 자질로 연결됩니다.

> 신학교에서 신학을 공부하지만 정작 성경에 대해서 소홀한
> 경우가 적지 않습니다. 성경 공부는 어떻게 해야 할까요?

**김관성** 。  신학교 시절 흔히 하는 실수가 성경은 뒤로 하고 신학 자체에만 집중하는 것입니다. 성경을 기반하지 않은 신학 지식은 치명적인 독이 됩니다. 심한 경우 신앙을 잃어버리게 합니다. 목회 현장에서 어떠한 열매도 만들어 내지 못하게 합니다. 그러므로 신학 서적 한 권 읽을 때 신약이나 구약을 1독 한다는 마음을 가져야 합니다.

신학교 수업에 성경을 읽는 수업이 따로 없기에 스스로 성경을

읽는 스케줄을 만들어야 합니다. 신학교 4년, 신대원 3년을 더한 7년 동안 적어도 30독은 한다는 마음으로 읽는 것이 중요하다고 생각합니다.

**최병락** ○ 신학을 공부하는 것은 결국 성경을 이해하기 위한 것입니다. 그런데 그 방법은 다를 수 있습니다. 성경을 잘 읽어 내기 위해 신학 책들을 공부한 후 기본 지식을 가지고 읽느냐, 아니면 성경 읽기와 신학 공부를 병행하느냐 둘 중 어느 것도 상관없습니다. 하지만 병행하는 방법을 더 추천합니다.

성경 읽기를 위한 신학 공부에 대해 조언하자면, 성경 배경에 관한 책이나 주석을 열심히 읽으라는 것입니다. 어떤 분이 "주석은 참고하라고 있는 것이 아니라, 다 읽으라고 있는 것이다"라고 했는데, 저는 이 말에 동의합니다. 주석을 통해 성경을 읽으며, 주해하고 설교할 수 있는 능력을 발전시켜야 합니다.

## 두 분 목사님은 신학교에서 어떻게 공부하셨나요?

**최병락** ○ 미국 사우스웨스턴 신학교에서 유학할 때, "본문이 이끄는 설교"에 대한 이야기를 많이 들었습니다. 본인이 가지고 있는 신학적 프레임보다 본문을 더 중요하게 여기라는 것입니다.

한 사람이 아니라 여러 사람이 설교하는 것처럼 보이는 모순이
생기더라도, 본문이 이야기하는 것을 성실하게 찾아내서 전하는
설교를 하자는 것입니다.

이런 배경을 가지고 공부했기에 무엇보다 성서 연구에 집중했
습니다. 성서 배경에 관한 책과 주석을 열심히 읽었습니다. 이로
인해 성경을 읽을 때 시야가 넓어졌고, 설교에도 많은 도움을 받
았습니다.

**김관성** ◦  존 파이퍼 목사님은 "여러 가지 공부를 하되, 반드시 하
나의 갱도를 파라"고 했습니다. 여러 신학이 있겠지만, 그 중 깊
이 이해할 수 있는 하나의 갱도를 만들라는 것입니다. 그 출발점
은 무엇이라도 상관없습니다.

저의 경우는 박영선 목사님이라는 갱도에서 시작했습니다. 그
갱도를 파고 들어가니까 수많은 신학자들이 저를 기다리고 있었
습니다. 그를 통해 개혁주의 신학에 대해 공부하게 되었고, 그러
한 렌즈로 성경을 보고 이해하게 되었습니다.

신대원에 가서는 문학책을 읽었습니다. 신학이 하나님에 대한
이해를 넓혀 주는 것이라면, 문학은 사람을 깊이 있게 이해하도
록 만드는 도구였습니다. 더불어 신학을 통해 연구한 것들을 문
학으로 검증할 수 있었습니다.

> 최근 사역을 하지 않고 공부에만 집중하는 신학생들이 많아
> 지고 있습니다. 이에 대해서는 어떻게 생각하십니까?

**김관성** ◦　신학생이나 신대원생들도 소명 받은 자로 깨어져야 하는 부분이 있습니다. 교회의 크기, 대우, 담임목회자의 역량에 따라 교회를 결정하는 태도를 회개해야 합니다.

　하지만 이들이 현장에 나가려고 하지 않는 이유에 대해서도 생각할 필요가 있습니다. 교회가 사역자들을 인격적으로 대우하지 않는 것에 대해 회개해야 합니다. 차량 운행으로 많은 시간을 보내게 하고, 영상 편집과 같은 기능적인 면만 강조하는 태도는 문제가 있습니다.

　최소의 비용으로 이용당한다는 느낌이 들지 않도록 교회는 노력해야 합니다. 성경적인 목회자로 세워질 수 있도록 돕고, 핵심적인 사역을 경험할 수 있도록 배려해야 합니다.

**최병락** ◦　사역을 하지 않고 신학 연구에 집중하면 하나님에 대한 이해는 깊어질 수 있지만, 사람에 대한 이해를 할 수 없습니다. 사람을 이해하려면 현장에 가야 합니다. 사역의 현장이 또 하나의 신학교임을 기억해야 합니다. 목회자들이 성도를 대하는 태도를 보는 것, 성도를 상담하는 것, 아이들을 가르치면서 깨닫게 되는 것 등 모든 것이 중요한 가르침이 됩니다.

이러한 배움 없이 목회를 하면, 목회를 하든 선교를 하든 폭력적인 점령군이 될 수밖에 없습니다. 신학교 내에서 신학 책만 보는 것보다는 사역을 통해 사람을 읽어 내는 능력을 배워야 한다고 생각합니다.

> 한 신대원생의 질문입니다. "공부를 하면 할수록 신대원 3년은 짧다는 생각이 듭니다. 알차게 보낼 수 있는 방법이나, 추가 공부 과정이 궁금합니다."

**김관성** 。 신학생에게 필요한 것은 교수님의 강의나 신학교에서 배운 지식을 통해 입학하기 전 가지고 있던 사고를 깨는 훈련입니다. 그런데 요즘 신학생들은 3년 동안 사고를 깨는 경험을 하지 못하고 자기가 가진 사고를 강화시키는 경향이 있습니다. 입학 전보다 좁은 식견을 가지고 졸업하는 꼴입니다. 이런 사람에게는 추가 공부가 일어날 수도 없고 의미도 없습니다.

그러므로 신대원 과정에서 중요한 것은 열린 마음을 갖는 것입니다. 자기 생각을 깨뜨리고 새로운 것을 받아들이는 자세가 있어야 합니다. 이런 마음을 가져야 성숙하고 넓어질 수 있으며 제대로 된 신학 공부를 할 수 있습니다.

**최병락** 。   신대원은 목회자가 되려는 사람에게 기본 교육을 시키는 과정입니다. 목회할 수 있는 틀을 만드는 과정입니다. 그러므로 신대원 3년 과정을 통해 박사 과정에 준하는 연구를 할 수는 없습니다. 그것은 욕심입니다. 학문적인 연구가 필요한 사람들은 다음 과정을 해야 합니다.

다만 신대원이 3년으로 한정되어 있다는 생각에 변화를 주는 것은 필요합니다. 1년을 공부하고 선교지를 다녀오고, 1년을 공부하고 외국에 나가거나 이주민 사역과 같은 특수 사역을 하고, 나머지 1년을 공부하겠다는 생각을 하면 좋겠습니다. 그렇게 나만의 커리큘럼을 첨가해서 사역할 준비를 하는 것이 더 유익하다고 생각합니다.

> 유학을 고민하는 신학생도 적지 않습니다. 유학을 가야 할지, 목회의 길로 가야 할지 어떻게 판단해야 할까요?

**최병락** 。   지금은 유학에 대한 이점이 많이 사라졌습니다. 우리나라에서도 얼마든지 신학 공부를 할 수 있는 환경이 마련되었기 때문입니다. 실시간으로 좋은 신학 책들이 번역되어 나오고, 유학을 통해서만 얻을 수 있었던 정보를 쉽게 접할 수 있습니다. 실례로 미국에 있던 저보다 김관성 목사님이 사우스웨스턴 신학교

예배에 말씀 전하러 오신 목사님들의 설교를 먼저 듣고 있었습니다. 이런 면에서 국내에서 공부하는 것이 유학보다 더 효과적일 수 있다고 생각합니다.

**김관성** 。 국내에서도 얼마든지 공부할 수 있지만 '절대 고수'라고 칭할 수 있는 분들을 보면 유학을 하고 학위를 받은 분들이 많습니다. 그런데 이런 분들의 특징은 어학이 탁월하게 준비되었다는 점입니다. 원서를 정확하게 이해하고 정리할 수 있는 능력을 갖췄습니다. 이처럼 원서를 원어민 수준에서 읽고, 창의적인 주장을 펼칠 준비가 되어 있는 사람이 유학을 가야 합니다. 그렇지 않다면 다시 생각해야 합니다.

저의 경우 영국에서 3년 정도 유학하면서 신학 공부보다는 먹고 사는 문제를 해결하기 위해 더 애를 썼습니다. 학교 수업이 끝나면 아르바이트하면서 돈을 벌어야 했습니다. 원서로 된 책을 제대로 읽어 내는 것이 버거웠고, 그곳에서 신학 공부를 지속하는 것이 쉽지 않았습니다. 저만의 문제는 아닐 것입니다. 그렇기 때문에 본질적인 이유가 아닌, 다른 이유로 유학을 가는 것은 시간 낭비일 수 있습니다.

**최병락** 。 그럼에도 유학의 좋은 점이 있습니다. 새로운 세상에서 인생의 지평을 넓힐 수 있다는 점입니다. 미국의 교육 시스템은 일정 수준 이상의 사람을 만들어 냅니다. 소논문 하나에도 30권 이상의 책을 인용해야 한다는 원칙을 융통성 없이 적용합니다. 이런 원칙으로 인해 학교를 졸업할 때는 학문을 할 수 있는 사람으로 성장하게 됩니다. 또한 책에서나 만날 수 있는 세계적인 석학 밑에서 공부하면서 받는 영향력도 무시할 수 없습니다.

## 신학생의 목회 훈련, 어떻게 하면 좋을까요?

**김관성** 。 세 가지를 이야기하고 싶습니다. 첫째, 성품 훈련을 해야 합니다. 교회를 세우고 목회를 잘하는 목회자는 기본적으로 성품이 좋습니다. 실제로 성장하는 교회의 특징 중 하나는 담임목사의 가정이 화목하다는 것입니다. 담임목사 부부의 사이가 좋습니다. 서로 다른 남녀가 사이좋게 지내려면 성품이 훌륭해야 합니다. 의외로 목회자 중에 성품이 좋지 못한 분이 있습니다. 이를 신학교 시절에 각성하고, 자신을 무섭게 훈련시켜야 한다고 생각합니다.

둘째, 설교 훈련을 해야 합니다. 설교 훈련에서 가장 중요한 것은 많이 해 보는 것입니다. 그렇기에 신학생 시절에는 설교를 가급적 많이 할 수 있는 작은 교회에서 사역하는 것을 추천합니다. 소수의 인원 앞에서라도 매주 설교를 할 수 있는 곳에서, 말씀의 열매를 맺는 경험도 해 보고, 망해서 좌절도 해 보고, 어중간해서 아쉬운 마음도 가져 보는 것이 좋습니다. 이런 경험들을 통해 좋은 설교자로 성장해야 한다고 생각합니다.

셋째, 상담 훈련을 해야 합니다. 교회에서 목양하는 가운데 목회자에게 꼭 필요한 것이 상담입니다. 그래서 목회를 할수록 목회 상담에 대해 진지하게 공부하지 않은 것이 후회가 됩니다. 또한 상담학을 통해 나의 기질적인 특징을 잘 이해하고 있었다면 더 좋은 목회자가 됐을 것이라고 생각합니다. 이런 이유에서 신학생들이 상담 훈련에 열심을 내야 한다고 생각합니다.

**최병락 ∘** 신학생들은 목회 현장의 부조리를 통해 가장 많이 성장한다고 생각합니다. 목회 현장은 내가 하지 않아도 되는 일을 해야 하고, 내가 의도하지 않은 일로 인해 오해를 받는 등 억울한 일이 반복됩니다. 문제는 전도사 시절에 당한 부조리가 담임목사가 받는 부조리에 비해 소소하다는 것입니다. 그렇기에 전도사 시절을 견뎌 내지 못하면 이후에도 견디기 어렵습니다. 어떻게 부조리를 이길 수 있을까요? 성품을 갖추어야 합니다. 이 세상이 부조리로 가득 차 있고, 성도들도 그렇게 부조리한 세상 속에서 살고 있음을 기억하고, 인내하며 이겨 낼 수 있어야 합니다.

## 교회는 신학생을 어떻게 섬기고 도와줘야 할까요?

**최병락** 。 교회가 신학생에게 너무 엄격하지 않으면 좋겠습니다. 신학생이 처음 신학을 접하면 교회 정서와 다른 행동이나 위험한 발언을 할 수 있습니다. 이에 대해 너무 심각하게 보지 말고, 자라나는 과정이라고 이해해 주면 좋겠습니다. 저도 2년 정도 헤맨 적이 있습니다. "예수는 청년이다"라고 말할 정도였습니다. 그렇지만 시간이 지나고 하나님의 은혜를 받으면서 신앙이 제자리를 찾았습니다. 신학생들에게 이러한 과정이 있음을 인지하고, 넓은 품으로 품으면 좋겠습니다.

얼마 전, 전도사님 두 분이 찾아와 사역을 그만두겠다고 한 적이 있습니다. 그때 장시간 그분들의 이야기를 들었습니다. 그리고는 한 달 동안 마음을 돌볼 수 있도록 휴가를 주었습니다. 한 달 후, 다시 맞아 주겠다고 했습니다. 다른 사역자들에게는 두 분에게 미안함을 표현하고 관심을 가지라고 당부했습니다. 이처럼 교회가 전도사님을 품기 위해 노력하는 자세를 가지면 좋겠습니다.

**김관성** 。 신학생이나 전도사님을 하대하는 문화를 없애야 합니다. 특별히 "아무개 전도사"라고 부르며, 반말하는 문화를 경계해야 합니다. 교회에 소명을 받은 자를 존중하는 문화가 자리 잡도록 노력해야 합니다. 또한 신학생에 대한 관심과 지원이 지금보다는 풍성해지면 좋겠습니다. 신학생을 주님의 교회를 이끌어 갈 사람으로 구별해 자부심을 심어 주는 것이 중요합니다. 그런 사랑을 받을 때, 신학생은 교만해지는 것이 아니라, 자신의 모습을 진지하게 돌아보며 성찰하게 된다고 생각합니다.

## ▌신학생이 꼭 읽어야 할 책을 추천해 주십시오.

**김관성** ◦  신학생이라면 세상, 가족, 교회, 목회를 규정할 수 있을 정도로 각 분야의 책들을 읽고 정리하는 것이 중요합니다. 특별히 인간 이해를 위해 문학 책 읽기를 추천합니다. 제게 감동이 된 책 몇 권을 추천합니다.

아사다 지로의 《칼에 지다》에서는 무명의 칼잡이 무사가 등장합니다. 그는 자기 일생의 목적과 이유가 아내를 기쁘게 하는 것임을 천명합니다. 이 책을 통해 신학생이 가족, 특별히 아내를 더 깊이 사랑하고 존중하는 법을 배울 수 있다고 생각합니다.

리처드 세넷의 《장인》은 어떤 사람이 장인이 될 수 있는지 보여 줍니다. 장인은 자기가 몸담은 분야의 일을 더 잘하기 위해 시간과 에너지를 쏟는 사람입니다. 이를 통해 신학생이 하나님의 영광을 위해 목회 장인이 되어야 한다는 도전을 받을 수 있다고 생각합니다.

조은의 《사당동 더하기 25》는 사당동 지역이 재개발되기 전의 가난한 사람들을 오랫동안 추적한 책입니다. 이를 통해 예수님의 성육신, 낮은 자리로 임한다는 것이 어떤 의미인지를 배울 수 있습니다. 목회가 자신을 증명하는 도구가 되는 이때, 성육신적 목회에 대한 진지한 고찰을 할 수 있는 책입니다.

정태식의 《거룩한 제국》은 기독교가 이 세상 가운데 어떤 자리에 위치하는가를 보여 주는 책입니다. 신학적으로 건전하고 보수적인 교회가, 권력 지향적이고 정치 지향적인 이유에 대해 알려 줍니다. 교회가 만들어 내는 문화, 현실이 어느 정도의 수준인지를 깨닫게 하는 좋은 책입니다.

이외에 한 권을 더 추천하자면, 유진 피터슨의 《유진 피터슨》입니다. 이 책을 통해 목회와 인생에 대해 배울 수 있었고, 죽기 전에 김관성의 《김관성》을 써야겠다는 다짐도 했습니다. 이처럼 자신의 인생, 목회에 대해 기술하고 싶은 열망을 주는 책이기도 합니다.

**최병락** 。 신학생이라면 신학 교과서를 충실하게 읽어야 합니다. 칼뱅의 《기독교 강요》, 아우구스티누스의 《하나님의 도성》 같은 교과서들은 반드시 읽어야 합니다. 문학 가운데도 도스토옙스키의 《카라마조프 가의 형제들》과 같은 고전을 읽어야 합니다. 이처럼 신학생 시절 교과서를 충실하게 읽고, 프레임을 갖추는 작업이 필요합니다. 더불어 설교를 위해서는 마틴 로이드 존스의 책, 목회를 위해서는 유진 피터슨의 책을 읽으면 많은 도움을 얻을 수 있다고 생각합니다.

**김관성** ○  교과서를 읽을 때 중요한 것은 정독하는 것입니다. 《기독교 강요》를 한 번 읽는다고 해도 3일 지나면 내용이 기억나지 않습니다. 그렇기에 성경을 반복해서 읽듯이 반복해서 정독하는 것이 필요합니다. 교과서를 완전히 이해하고, 자기 안에 새기는 작업이 필요합니다.

> 신대원생 둘 중 한 명(57.6%)이 '졸업 후 진로'가 가장 큰 고민이라는 조사 결과가 있었습니다 (2016, 기독교연합신문). 지금도 크게 다르지는 않을 텐데 어떻게 도울 수 있을까요?

**김관성** ○  많은 신학생이 "무엇을 하고 살아야 하나?"라는 고민을 합니다. 답도 혼자 찾습니다. 그래서 창조적인 목회를 하지 못합니다. 선배나 동기들을 보면서 따라하는 수준에 머뭅니다. 이런 부분에 대해 미리 교육해야 합니다. 신학교에서 다양한 진로를 경험할 수 있도록 실습의 기회를 제공해야 합니다. 자신의 달란트를 확인할 수 있는 자리를 마련해야 합니다. 그래서 특수 목회,

이중직 목회 등에 대해 미리 생각할 수 있는 시스템을 신학교가 갖춰야 한다고 생각합니다.

**최병락** 。 사우스웨스턴 신학교는 목회학 석사 과정을 졸업할 때, 담당 교수님 앞에서 150분 정도 면접을 합니다. 이를 통해 졸업생이 교수, 선교사, 지역 교회 목회자 가운데 어떤 사역에 적합한지 파악하고, 함께 앞길에 대해서 이야기하는 시간을 갖습니다. 또한 졸업생들을 모아 테스트를 해 개척할 사람과 그렇지 않은 사람을 구분합니다. 개척의 달란트를 가진 사람은 교단에서 지원하고, 그렇지 않은 사람은 다른 길을 열어 줍니다. 이러한 시스템이 국내 신학교에도 도입되어야 한다고 생각합니다. 자신에게 주어진 부르심의 자리에서 목회를 할 수 있도록 도와야 합니다.

## 신학생에게 응원의 한 말씀 부탁드립니다.

**최병락** 。 신학생은 하나님의 부르심을 따라가는 자입니다. 그렇기에 의심이 들 때가 있습니다. 힘들고 어려운 일이 있을 때마다 '하나님이 부르는 것이 맞나? 내가 잘못 듣고 가는 것은 아닌가?' 의심이 듭니다. 이때 넘어야 할 산이 믿음입니다. 믿음은 보이지 않는 것의 증거입니다. 그렇기에 의심이 들더라도 "나를 부르신 것이 맞다"라고 고백하며 끝까지 포기하지 않고 이 길을 가야 합니다. 그러다 보면 '나를 부르신 것이 맞네'라는 생각이 들 것입니다. 그렇게 한 산을 넘고, 또 한 산을 넘는 것이 목회자의 삶입니다. 이를 기억하며 감당하기 힘든 어려운 일이 있을 때마다 믿음으로 이겨 내십시오. 부르심의 삶을 끝까지 완주하십시오.

**김관성** 。 저의 신학교 시절을 돌아보면 자책과 열등감으로 가득했습니다. '졸업하고 목회 현장에 나가 봐야 도와줄 사람이 있을까?'라는 불안감도 있었습니다. 그것 때문에 오랜 기간 고민했습니다. 그런데 지금 느끼는 것은 하나님이 저를 부르셔서 제가 기대한 것과는 비교할 수 없을 정도로 많은 은혜를 세밀하게 부어 주셨다는 것입니다.

이것이 중요합니다. 자질이 부족하고, 능력이 없어도 괜찮습니다. 하나님이 은혜를 허락하시면 얼마든지 이 길을 걸어갈 수 있습니다. 그러니 포기하거나 자책하지 마시고 용기를 내서 끝까지 부름받은 사명을 감당하면 좋겠습니다.

# 신학생에서 목회자로

## 신학교에서의 공부가 목회 현장에서 도움이 되나요? 현장에 필요한 공부는 어떤 것인가요?

**최병락** 。 목사님들 가운데 "나는 신학교에서 이런 것을 배우지 못했습니다. 목회에 관한 것은 다 현장에서 배웠습니다"라고 말씀하시는 분들이 있습니다. 어떤 면에서 납득이 되지만, 신학교의 배움이 없었다면 목회 현장에서 새로운 것을 접하고 응용할 수 있는 능력을 갖출 수 없었다는 사실도 간과해서는 안 됩니다. 신학교와 목회 현장은 긴밀하게 연결되어 있습니다.

**김관성** 。 우리는 선배님들보다는 좋은 교육을 받았습니다. 학문적으로 우수한 교육이 가능한 학교에서 학위를 받으신 교수님들로부터 양질의 신학 교육을 받았습니다. 그래서 신학 교육에 대해서는 부족함을 느끼지 못했습니다.

하지만 목회 현장에서 어떻게 개척을 하고, 예배당은 또 어떻게 구해야 하는지, 은행에 가서 담보 대출을 어떻게 받아야 하는

48

지 등 실질적인 부분에 대해서는 알지 못했습니다. 교회를 세우는 일에 대해 배움이 부족했다는 사실을 뼈저리게 느꼈습니다. 신학교에서 이러한 부분에 대해서도 고민해야 한다는 생각이 들었습니다.

## 신학교와 현장 목회 사이의 격차를 줄이고 연결할 방법이 있다면 무엇일까요?

**김관성** 。 제가 가진 신앙적 소신으로 판단할 때, 교회를 위한 신학이 아니라면 의미가 없습니다. 교회를 위한 신학은 하나님을 알아가는 데 도움을 주지만, 단순히 자신의 생각을 강화하기 위해 신학을 공부하면 한 영혼이 파괴됩니다. 신앙의 자리에서 떠나게 되거나, 더 과감하게 죄를 짓게 되기 때문입니다.

이런 차원에서 교회를 위한 신학 공부를 해야 한다고 생각합니다. 성경에서 말하는 주님의 몸 된 교회가 무엇인지 연구하고, 교회를 온전히 세우고 구현하는 방법을 훈련해야 한다고 생각합니다.

**최병락** 。 오늘날 신학교 예배 강사에게 주는 첫 번째 지침은 "이곳에 있는 학생들이 다 목회할 사람은 아닙니다. 그러니 '여러분이 목회할 때 또는 목회자가 된다면' 등의 말을 삼가고, 일반적인 설교를 해 주십시오"라는 것입니다. 이것이 신학교의 현주소입니다. 그러면서도 여전히 교육 과정은 담임목회자를 길러 내는 데 힘을 싣고 있습니다. 이를 벗어나 다양한 길을 열어 줘야 합니다. 학생들이 목회자뿐 아니라 선교사, 교육가, 상담가 등이 되기 원할 때, 준비할 수 있도록 도와야 합니다.

## 신학 공부, 목회 현장에 초점을 둬야 할까요? 학술적 가치에 방점을 둬야 할까요?

**최병락** ◦ 신학교에 다닐 때 학술적인 연구를 충분히 해야 한다고 생각합니다. 목회를 하면서 설교를 위해 조직신학이나 교회사 등의 책을 다시 보기는 하지만, 이를 깊이 있게 공부할 시간이 많지는 않습니다. 현실적으로 목회 현장에서 연구할 시간을 내는 것은 쉽지 않은 일입니다.

반면 신학교에서는 목회 현장을 배울 수 있는 기회를 제공해야 합니다. 현장으로 나가기 전에 준비해야 하는 부분을 커리큘럼 안에 넣어 훈련시켜야 합니다. 만약 이것이 어렵다면 연장 교육을 통해 신학교와 목회 현장 사이에 완충 지대를 만들어야 한다고 생각합니다.

**김관성**。  학술적인 부분에 대해서 이야기하자면, 신학교에서는 사변적이고 복잡해 목회 현장에서 가르치지도 않고 적용할 수도 없는 신학 내용을 공부하는 것이 중요합니다. 교회 현장에서 필요한 지식만을 추구하면 목회자의 존재가 지극히 가벼워집니다. 성도들에게 보이는 부분에만 치중하는 인물이 될 수 있습니다.

한편 말씀을 전하고 가르치기 위해서는 성도들보다 깊이 있고, 폭넓은 지식을 소유할 필요가 있습니다. 실제로 신학을 공부하면서 쏟은 시간, 논문을 작성하면서 고민했던 시간이 설교 원고를 작성하고, 성도들에게 말씀을 설명할 때 영향을 미칩니다.

**최병락**。  강남중앙침례교회에는 존 스토트, 톰 라이트의 책을 다 섭렵한 성도들이 있습니다. 마틴 로이드 존스, 에이든 토저의 책을 다 읽은 분들도 있습니다. 하지만 아무리 책을 많이 읽었다고 해도, 신학교에서 정규 교육을 받은 목회자와는 분명 다릅니다. 아무리 노력한다고 해도 도달할 수 없는 부분이 있기 때문입니다. 이런 면에서 학술적 가치에 방점을 두고 공부하는 것이 필요하다고 생각합니다.

**김관성**。  신학교에서 깊이 있게 공부하며 자기를 성찰하는 과정이 없고, 교회 필요를 위해서만 공부하는 사람들을 보면, 입학하기 전에 가졌던 소신이나 신념으로 성도들을 찍어 누르는 일이 발생합니다. 영적인 폭력을 가하는 사람이 될 수 있다는 말입니다.

이를 방지하려면 신학 공부를 통해 다양한 관점과 주장을 접하며 사고의 폭을 넓혀야 합니다. 쉽게 답을 낼 수 없는 영역이 존재함을 인정하며 타인을 품을 수 있는 사람으로 성장해야 합니다.

> 현재 신학교에서 진행하는 교육과 훈련 가운데, 목회자들에게 유용하고 필요하다고 생각하는 것을 꼽자면 무엇일까요?

**김관성** ○ 지인들에게 신학교 교육과 훈련 중 목회에 도움이 된 것이 무엇인지 물었더니 다음과 같이 답했습니다. 첫째, "설교 훈련이 큰 도움이 됐다"고 말했습니다. 설교 영상을 만들고, 동기들에게 피드백을 받으며 미처 발견하지 못한 약점을 발견하여 고치고, 장점을 더욱 발전시킬 수 있었다는 것입니다.

둘째, "원어 공부를 한 것이 도움이 됐다"는 말도 많이 했습니다. 신학교에서 공부할 때는 고통스러웠는데, 사전을 활용해 원문을 읽고 해석할 수 있는 정도의 훈련을 받은 경험이 설교에 힘이 된다는 것입니다.

셋째, "신학 공부보다 영어 공부를 한 것이 도움이 됐다"고 말하는 목회자도 많았습니다. 목회에 중요한 자료의 대부분이 영어로 되어 있기 때문에 정말 필요한 자료를 찾고 보는 데 기초가 되는 것입니다.

넷째, "인문학 강좌가 도움이 됐다"는 이도 적지 않았습니다. 인문학 강좌를 통해서 하나님과 세상에 대한 이해의 폭이 넓어지고 성경을 더욱 풍성하게 보게 됐다는 것입니다.

마지막으로, 제 경우에는 성경 강해가 큰 도움이 됐습니다. 성경 한 권을 택해 처음부터 끝까지 충실하게 강해해 주셨던 것이 목회 현장과 설교의 자리에서 큰 힘이 되고 있습니다.

**최병락** 。  신학교 교과 과정은 한국이나 미국이 대동소이합니다. 교수님들이 학생의 목회적 역량을 기르기 위해 만든 것이기에 모든 수업을 열심히 해야 합니다. 이 가운데 특별히 집중해야 하는 분야로 조직신학을 꼽고 싶습니다. 조직신학은 평생 목회하기 위한 기초를 쌓는 학문이기 때문입니다.

다른 하나는 성서신학입니다. 성서신학 개론을 비롯해서 원어 분석, 주해와 해석 등에 대해 공부하는 과정에서 성경을 읽고 설교를 준비하는 훈련이 이뤄집니다. 성서신학은 설교와 가르침에 큰 도움이 될 수밖에 없습니다.

**김관성** 。  성서신학을 강조하면 성경을 많이 읽으면 된다고 생각하는 신학생이 있습니다. 성경만 열심히 읽으면 이단이 될 수 있습니다. 신학에 정통한 교수님들에게 배움을 받는 시간이 반드시 필요합니다.

**최병락** ◦  성서신학을 기초로 성경을 읽지 않으면 파편화된 지식만 갖게 되는 경우가 많습니다. 그 결과 본인 설교를 본인이 뒤집는 우를 범하게 됩니다. 이를 방지하고 통합적 사고를 하려면 성서신학을 충실히 공부해야 합니다.

## 목회 현장을 위해 필요한 교육과 훈련이 있다면 무엇일까요?

**최병락** ◦  미국 유학을 하면서 좋았던 것 중 하나는, 학교와 교단이 연합해서 졸업 후에 신학생의 진로를 정해 주는 프로그램이었습니다. 그중 교회 개척 관련 강의를 이수하면 개척 지원금을 줬습니다. 선교사 훈련 강의를 이수하면 선교사로 파송될 자격을 줬습니다. 또한 교내 상담 프로그램을 만들어서 학생들을 상대로 상담을 하도록 하고, 일정 시간을 채우면 상담사 자격증을 부여했습니다. 이처럼 우리나라 신학교도 일정 과정을 이수하는 것으로 만족하지 말고, 자기 소명에 따라 준비가 가능한 프로그램을 개발할 필요가 있다고 생각합니다.

**김관성** 。 목회 현장에서 목회자가 가장 많이 하는 것이 예배 인도입니다. 그런데 설교에 비해 예배 인도는 많이 고민하지 않습니다. 제가 속한 침례교단과 타 교단의 예배 구성이 다른데, '왜 우리는 이것을 하고, 저것은 하지 않을까'라고 질문하지 않습니다. 저도 어릴 때부터 드렸던 순서를 따라 아무 생각 없이 예배를 드리고 있었습니다. 한번은 루터중앙교회 최주훈 목사님과 대담을 했는데, 루터교회의 예배 형식과 순서에 이르기까지 그 이유와 목적에 대한 설명을 듣고 완전히 매료되었습니다. 이처럼 예배를 인도할 때 그 순서에 대한 신학적인 이유와 목적을 파악하고 인도해야겠다는 다짐을 했습니다.

신학교에서 예배 인도에 대한 교육이나 훈련이 진행되어야 합니다. 예배 인도, 침례식과 같은 예식을 인도하는 실습을 통해 목회 현장에 연착륙하도록 준비되어야 한다고 생각합니다.

> 영국과 미국에서 유학을 하셨는데, 다른 나라 신학교를 통해 배울 점이 있다면 무엇일까요?

**김관성** 。 영국의 바이블칼리지에서 3년 정도 공부했는데, 교수님들과 깊이 사귀고, 가까운 자리에서 성경을 배울 수 있었던 점이 좋았습니다. 우리나라의 경우 유교적 권위주의 때문에 교수님과 학생 사이에 거리가 느껴지는데, 이런 부분에 대해서 고민하면 좋을 것 같습니다.

**최병락**。　미국 신학교 교육은 목회 현장과 긴밀하게 연결되어 있습니다. 설교학 실습도 제스처부터 습관까지 자세하게 교정해 줍니다. 예배학 시간에는 유수한 교회들을 탐방하면서 음향을 어떻게 만들어야 하는지 알려 줍니다. 또한 찬양을 인도할 때 어디에 주안점을 두고, 어떻게 해야 하는지를 자세하게 가르칩니다. 이처럼 신학교 교육이 목회 현장을 철저하게 준비하게 한다는 점을 배워야 한다고 생각합니다.

> 코로나19 이후 목회자에게 영상 편집이 필요한 역량 중 하나가 되는 것 같습니다. 신학교에서 이런 부분의 훈련까지 필요할까요?

**최병락** 。　영상 편집은 이미 필수적인 사역이 됐습니다. 잘 하냐 못 하냐가 문제지 해야 하냐 말아야 하냐는 논의 대상이 아닙니다. 하지만 '이것을 신학교에서 준비해야 하는가?'라는 질문에 대해서는 부정적입니다. 목회 현장에서 배워도 됩니다. 신학교에서 배워도 기술 발달이 빨라 목회 현장에서 새로운 것을 배워야 할 경우가 많습니다. 신학교가 아니라 교단적인 차원에서 목회자들이 상시적으로 배울 수 있는 통로를 마련하고 제공해야 한다고 생각합니다.

**김관성** 。 교회가 시대적 흐름에 맞춰 너무 빠르게 변해 가는 것 같습니다. 영상 편집을 목회자에게 필수적인 사역으로 요구하는 것에 대해서 전면 부정할 수는 없지만, 속도 조절은 필요하다고 생각합니다. 영상 편집과 같은 기술이 목회 본질보다 우선되지 않도록 무게 중심을 잡아야 합니다.

그러나 신학교가 목회 현장을 전혀 반영하지 못해, 신학교를 졸업해도 목회 현장에 적응하는 데 애를 먹는 일은 없어야 한다고 생각합니다. 적어도 목회 현장에서 사역하는 데 필요한 기술은 익힐 수 있도록 도와야 합니다.

> 이론과 현장의 차이를 극복하기 위해 주요 신대원에서 목회
> 현장성 교육을 강화하는 움직임이 있습니다. 이에 대해서는
> 어떻게 생각하십니까?

**김관성** 。 장신대 신대원에서 '창의적 목회'라는 주제로 강의를 한 적이 있습니다. 강의 3주 후, 강의를 들었던 학생들이 교회를

찾아와서 질의응답 시간을 가졌습니다. 이때 진지하고 날카로운 질문을 받으면서 체면치레로 답하면 안 되겠다는 마음이 들어 정직하고 솔직한 이야기를 해 주었습니다. 이를 통해 요즘 세대 신학생들이 추상적이고 이론적인 내용보다는 실제적이고 분명한 것들을 배우고 싶어 한다는 사실을 깨달았습니다. 신학교에서 목회 현장성 교육을 강화하는 것이 당연하다고 생각합니다.

**최병락** ◦ 　인턴십 과정을 권유하고 싶습니다. 인턴이라는 말 자체가 준비하는 과정임을 내포하기에 교회는 목회자에 비해서 여유로운 시선으로 바라볼 수 있고 신학생도 부담을 내려놓고 목회 현장을 배울 수 있다고 생각합니다. 강남중앙침례교회에 인턴을 신청하면 1년 동안 배우고 싶은 부서에서 목회를 경험할 수 있는 기회를 줍니다. 모든 부서를 배우고 싶다면 3개월씩 돌아가면서 각 부서의 사역을 배울 수 있는 기회를 줍니다. 인턴 과정을 경험한 분들을 우선적으로 목회자로 청빙합니다.

**김관성** ◦ 　목회 경험이 있는 교수님조차 현장을 떠나 학교에 있는 시간이 길어지면 현장 목회자들에 비해 목회적 감각이 떨어질 수밖에 없습니다. 이런 차원에서 목회자들을 신학 교육에 참여시키는 것이 신학생들에게 도움이 될 수 있다고 생각합니다. 개척을 해서 교회를 부흥시킨 목사님들을 통해 배우는 것도 중요하지만,

개척에 실패한 목사님들로부터 어떤 실수를 통해 어려움을 겪게 됐는지에 대한 이야기를 들을 필요도 있습니다. 이것도 신학생들에게 유익한 가르침이 될 수 있다고 생각합니다.

**최병락**。 신학교에 개척자훈련학교도 필요하다고 생각합니다. 지금까지는 코너에 몰려 개척하는 분위기였습니다. 졸업한 후 사역지를 찾지 못해서 어쩔 수 없이 개척하거나 부목사로 충분하게 사역했지만 담임목사로 청빙이 되지 않아 개척하는 경우가 많았습니다. 또한 개척에 대한 소명을 받은 분 중에도 개척한 교회가 부흥하면 더 이상 개척하지 않고 목회만 하는 경우도 많았습니다.

개척자는 개척한 교회가 자립하고 부흥하면, 다른 목회자에게 넘겨주고 또 다른 개척을 시작해야 합니다. 김관성 목사님이 행신침례교회를 사임하고 울산에 개척하는 것처럼 말입니다. 이런 개척자들이 신학교에서 소명을 발견하고 은사를 개발할 수 있도록 도와야 합니다. 지역 선정, 개척 멤버의 구성, 재정적 지원 등 개척 전략을 세울 수 있도록 훈련시켜야 합니다.

> 목회 현장이 많이 바뀌고 있습니다. 이중직 목회, 선교적 교
> 회, 마을 목회 등 다양한 형태의 목회가 나타나고 있습니다.
> 이를 위해 신학교는 어떤 교육과 훈련을 해야 할까요?

**김관성** ○ 누군가에게 가르침을 주려면, 그에 대한 이해와 경험이
남달라야 한다고 생각합니다. 그런데 신학교 교수님들 중에는 이
중직 목회나 선교적 교회, 마을 목회에 대해 경험한 분이 많지 않
기 때문에 교육이 수박 겉핥기에 머물 가능성이 큽니다. 현장에
서 관련 목회를 하고 있는 목회자들을 신학 교육에 적극적으로
참여시켜야 한다고 생각합니다.

전통적인 교회가 건강하면 선교적 교회, 마을 목회를 하는 분
들이 주장하는 역동적 사역이 이뤄집니다. 따라서 신학교에서 성
경적 교회론, 목회철학 같은 기초를 잘 세우는 것이 무엇보다 중
요합니다. 기초를 튼튼히 하는 것이 카페 교회, 이중직 목회, 마을
목회와 같은 형태의 목회도 잘할 수 있는 길이라고 생각합니다.

**최병락** ○ 선교적으로 생각할 때, 이 시대 효과적인 전도를 위해
다양한 형태의 목회가 나타나는 것은 바람직하다고 생각합니다.
하지만 전통적인 방식으로 목회하면 안 된다는 생각으로 이런 목
회를 추구하는 것은 재고할 필요가 있습니다.

이중직 목회, 마을 목회, 카페 교회 등이 현실적으로 더 어렵습

니다. 소명과 현실 사이에서 줄타기하는 경우가 적지 않습니다. 전통 목회를 잘할 수 없는 사람이 이런 목회를 잘하기는 어렵습니다. 신학교에서는 다양한 형태의 목회를 잘할 수 있도록 훈련하는 것보다 기초가 되는 전통 목회를 잘할 수 있는 훈련을 해야한다고 생각합니다.

# 2장

# 목회자의 내면

성품

## 목회자가 꼭 갖추어야 할 성품이 있다면 무엇일까요?

**김관성**。 성품은 그 존재가 밖으로 자연스럽게 뿜어져 나오는 현상입니다. 표현 방법, 행동 양식 등을 통해 드러나는 것입니다. 이런 측면에서 봤을 때, 목회자에게 겸손과 긍휼이 필요합니다. 이 두 가지는 서로 얽혀 있습니다. 기독교에서 말하는 겸손은 자신이 하나님의 무한 긍휼을 받는 존재임을 인식할 때 나오는 것이기 때문입니다. 이러한 인식은 타인에 대한 긍휼도 불러일으킵니다.

**최병락** 。 영어로 성품은 'character'입니다. 성품이 좋은 사람은 "a man of good character"라고 말합니다. 성경적으로 이야기하면, "하나님의 형상을 닮아 가는 성격"이라고 정의할 수 있습니다. 하나님 안에서 다듬어지는 성격입니다.

이를 한마디로 '사랑'이라고 표현할 수 있습니다. 오래 참고, 온유하며, 시기하지 아니하며, 자랑하지 아니하며, 교만하지 아니하며, 무례히 행하지 아니하며, 자기의 유익을 구하지 아니하며, 성내지 아니하며, 악한 것을 생각하지 않으며, 불의를 기뻐하지 아니하며, 진리와 함께 기뻐하고, 모든 것을 참으며 모든 것을 믿으며 모든 것을 바라며 모든 것을 견디게 하는 사랑의 성품이 목회자에게 필요합니다.

## 두 분의 목회에 성품은 어떤 영향을 미쳤나요?

**최병락** 。  저는 이해되지 않는 분이 있더라도 참고, 갈등 상황을 만들지 않습니다. 그래서 담임목회를 하고 있는 20년 동안 다퉈 본 적이 없습니다. 갈등 상황이 일어날 만한 문제도 가볍게 지나갑니다. 심지어 갈등이 있는 교회에 부임을 해도 하나가 되는 속도가 빠릅니다. 온유를 강조했던 것이 이런 영향을 미쳤다고 생각합니다.

**김관성** 。  목회자의 성품은 교회를 형성하고 빚어 가는 데 결정적인 영향을 미칩니다. 교인들이 말씀을 전하고 가르치는 목회자를 닮기 때문입니다. 부사역자들이 말하는 제 성품의 특징은 솔직함, 규정과 틀에 얽매이지 않는 자유로움, 긍휼함입니다. 이러한 성품은 긍정적인 면과 부정적인 면이 공존합니다. 긍정적으로 보면, 목회자가 솔직하고 자유하며 긍휼한 마음을 가지니까 교회 분위기가 밝고 따뜻하고 자유하면서도 부드럽게 흘러갑니다. 반면 부사역자나 중직자에게 "교회의 질서를 잡아야 한다"는 직언을 많이 듣기도 합니다.

> **두 분이 "목회자에게 성품이 다른 무엇보다 중요하다"고 강조하시는 이유는 무엇인가요?**

**김관성** ⚬ 개척 교회 세미나의 강의들을 보면, 목회술에 대한 이야기를 많이 합니다. "인문학적인 통찰을 담아 메시지를 전할 수 있어야 한다", "상담 사역을 강화해야 한다"라고 강조합니다. 저는 이에 동의하지 않습니다. 교회가 세워질 때 결정적인 영향을 주는 것은 목회적 역량이 아니라 목회자와 사모의 성품입니다. 실제로 목회자와 사모의 성품이 모가 나고 날카로우면 성도들이 상처를 받고 교회 성장이 쉽지 않습니다. 반면 목회자와 사모가 호감을 주고 관계를 잘 맺으면 교회가 세워지는 것을 볼 수 있습니다.

**최병락** ⚬ 마르틴 루터는 "목회자는 재력, 행정력, 능력보다 성품을 갖춰야 한다"고 강조했습니다. 목회자에게 성품이 무엇보다 중요하다는 것입니다. 성도들의 성품이 완전하지 않습니다. 목회자의 마음을 아프게 할 때가 많습니다. 문제는 그때마다 목회자가 아프다고 소리치고 반응하면 남아 있을 성도가 없다는 것입니다. 그렇기에 목회자에게 어떤 성도라도 품을 수 있는 성품은 필수입니다. 또한 내적인 성숙뿐 아니라, 교회를 이끌 수 있는 리더십, 비전을 성취할 수 있는 끈기 등 외적인 성품도 다듬어야 합니다. 하나님이 주신 사명을 감당할 수 있는 성품을 갖도록 애써야 합니다.

**김관성** 。 목회자의 성품을 확인할 수 있는 지표는 "목회자와 다시 만나고 싶은 마음이 자연스럽게 형성되는가"입니다. 이것을 위해서는 내적인 성품뿐만 아니라, 외적인 성품도 잘 준비되어야 합니다.

**최병락** 。 이를 매력이라고 표현할 수 있습니다. 미국에서 가장 혁신적인 교회로 손꼽히는 라이프교회 크레이그 그로쉘 목사의 'It'(그것)에 의하면 성공한 목회자들의 공통점이 있다고 합니다. 말로 설명할 수 없는 it, 즉 매력이 있다는 것입니다. 이러한 매력은 정직함, 인내, 끈기 등 다양한 모습으로 나타나는데 하나님 닮은 모습이라고 볼 수 있습니다. 이러한 매력을 느끼게 하는 성품을 지녀야 합니다.

> 설교 중에 드러나야 하는 성품이 있다면 무엇일까요? 반대
> 로 드러내지 말아야 하는 성품은 무엇일까요?

**최병락** ○ 설교자는 사랑의 마음으로 설교해야 합니다. 어느 교회 청빙 과정에서 최종 후보 두 분이 지옥에 대한 설교를 했다고 합니다. 그런데 성도들이 만장일치로 한 분을 청빙하기로 결의했습니다. 청빙이 되지 않은 분이 화가 나서 따지자, 청빙위원회는 "청빙이 된 분은 '절대로 지옥에 가지 말라'는 설교를 하셨고, 청빙이 되지 않은 분은 '그러면 지옥 간다'는 설교를 했다"는 이유로 답했습니다. 죄에 대해서 지적하는 설교, 심판에 대한 설교를 하더라도 영혼 구원의 마음, 사랑이 담겨야 한다는 것을 보여 주는 예입니다.

또한 설교자는 겸손한 마음으로 설교해야 합니다. 말씀을 전하는 자인 동시에, 말씀을 듣는 자임을 잊지 말아야 합니다. 그래야만 성도들이 설교 속에서 함께 듣는 자로 설교에 동참할 수 있게 됩니다.

반면 분노하는 마음을 설교 중에 보여서는 안 됩니다. 이러한 마음은 아무리 숨기려고 해도 결국 드러나게 됩니다. 설교를 준비할 때부터 불편한 마음으로 시작하기 때문입니다. 정말 어려운 이야기를 해야 할 때는 습관이 되지 않은 분도 원고를 써야 합니다. 미리 원고를 쓰고 100% 원고대로만 설교해야 합니다. 원고

없이 설교하면 여과 없이 자기의 분노가 나타나 부작용이 일어나기에 조심해야 합니다.

**김관성** 。 누군가에게 화가 나서 표적 설교를 하면 안 됩니다. 과거에는 부흥회를 하면 강사님뿐만 아니라, 담임목사에게도 사례비를 드리는 문화가 있었습니다. 그런데 어떤 교회에서 부흥회 이후, 담임목사에게 사례비를 드리지 않았습니다. 이에 화가 난 목사님이 오후예배 설교 시간에 본문에 대해서는 거의 언급하지 않고, 그것에 대해서만 설교하는 모습을 본 적이 있습니다. 이처럼 다듬어지지 않은 기질이나 분노를 설교 시간에 드러내면 안 됩니다.

또한 설교자들이 자신의 이데올로기에 갇히는 것도 조심해야 합니다. 나라를 걱정해서 하는 이야기라고 하더라도, 성도들은 '우리 목사님은 왜 정치 이야기를 한쪽 편만 들면서 하실까?'라고 느낍니다. 또한 설교자가 평상시에 강조하는 것, 예를 들면 선교, 봉사, 헌금 등으로 모든 본문을 치환하는 일도 조심해야 합니다.

설교 시간에는 하나님의 뜻과 마음을 담은 본문을 드러내야 합니다. 하나님의 크심과 풍성하심을 표현해야 합니다. 죄에 대한 하나님의 분노, 우리를 향한 하나님의 사랑과 오래 참으심, 긍휼하심 등을 잘 표현해 낼 수 있어야 합니다.

**김관성** 。　교역자 간의 불화의 원인은 경쟁심입니다. 담임목사에게 누가 인정을 받는지가 교회 분위기가 되면 교역자 안에 긴장과 다툼이 일어납니다. 이에 대한 경계가 필요합니다. 불화가 이미 일어난 경우에는, 경청하는 자세가 필요합니다. 상대방이 눈물을 흘리며 진심으로 이야기할 때, 그것을 그대로 받아들일 수 있어야 합니다. 진솔한 대화가 오고갈 수 있는 창구를 열어 둬야 합니다.

　인내도 필요합니다. 불화가 있는 상대방이 "실수하지 않겠다. 잘 하겠다"라고 약속해도, 그는 또 실수할 것입니다. 하루아침에 성품이 나아지지 않기 때문입니다. 그렇기에 '저 사람은 그렇구나'라고 인정하며, 불편하더라도 감내하면서 함께할 인내력이 있어야 합니다.

**최병락** 。　교회적인 노력도 필요합니다. 부사역자로 지내는 동안, "불화하지 않겠다"라는 약속과 규칙을 정해 놓고 갈등을 이기는 훈련을 하는 것도 중요합니다. 강남중앙침례교회는 아파트 한 동을 부사역자 사택으로 사용합니다. 그런데 사택에 입주할 때, 한 가지 약속을 합니다. "절대로 싸우지 않는다. 만약 싸운다면 즉시

나간다." 이러한 약속을 하고 지키니까 부사역자들 간 다툼이 없고 서로 잘 지냅니다. 사택을 나가는 것보다 여러 가지 불편함이 있더라도 참는 것이 유익하기 때문입니다.

우리 교회 부사역자 중 다른 이들이 불편해 하는 분이 있었습니다. 특별히 문제가 있어 보이지는 않았습니다. 착하고 열정 있는 좋은 사역자였습니다. 그런데 타고난 목소리가 유독 컸습니다. 하여 목소리 크기를 줄여 보라고 조언했고 그분이 따랐습니다. 그러자 그분을 불편해하던 분들의 태도가 변하는 것을 봤습니다. 이처럼 담임목사가 갈등의 소지를 파악하고 조언하는 것도 필요합니다.

**김관성** 。 교역자 간 싸움이 집단화되는 것도 경계해야 합니다. 상처를 받으면 높은 직급의 목회자에게 찾아가서 자기중심적으로 이야기해 싸움을 키우는 분들이 있습니다. 자기편을 만들고, 소위 '라인'을 만드는 정치를 하는 것입니다. 이는 교회는 물론, 자신에게도 덕이 되지 않습니다. 그렇기에 자기가 받은 상처를 당사자와 해결할 수 있는 능력, 자기 안에서 해결할 수 있는 성품을 갖춰야 합니다.

## 성도와의 관계에서 중요한 성품은 무엇일까요?

**김관성** 。 목회를 하다 보면 억울한 일이 많이 생깁니다. 제가 하지 않은 말과 행동으로 모함을 받을 때면 견디기 힘듭니다. 그럴 때마다 저에게 나타나는 증상이 교인들에게 전화해서 제 논리와 주장이 맞음을 설득하는 것입니다.

그런데 성도들이 '시간이 지나면 목사님이 진실하시고, 실수하신 것이 아니라는 것을 우리가 다 알텐데'라고 생각한다는 것을 나중에서야 알게 됐습니다. 그것이 결국 목회자의 영적 권위를 실추시키고 있음을 깨달았습니다. 억울하고 섭섭하더라도 다른 사람 붙잡고 표현하지 않고, 인내하는 성품이 필요합니다.

**최병락** 。 저는 어떤 오해를 받더라도 해명하지 않습니다. 해명하면 간단하게 해결될 일도 있는데 그것이 잘 되지 않습니다. 아내가 답답해 할 정도입니다. 그렇기에 문제가 있을 때 즉각적으로 해결하는 방식이 부럽기도 합니다.

다만 해명을 해야 한다면, 감정이 실리지 않은 가운데 담백하게 하는 법을 배워야 한다고 생각합니다. 세 문장으로 해명할 수 있는 일에 열 문장을 사용하면 억압적으로 보일 수 있고, 세 문장으로 끝낼 수 있는 것을 하지 않으면 더 큰 화를 키울 수도 있습니다. 이를 적절히 조절할 필요가 있습니다.

양과 염소를 구분하는 것처럼, 성도들을 분별하는 것도 필요합니다. 내면의 상처로 인해 투박한 말을 하고, 상처를 주는 성도라면 품어야 합니다. 하지만 교회를 무너지게 하는 것이 목적인 성도라면 냉정하고 단호하게 치리해야 합니다.

## 목회자가 가정에서 신경 써야 할 성품에는 무엇이 있을까요?

**최병락** ○    최근에 아내의 마음을 상하게 한 적이 있습니다. 미국에 있을 때 아내가 교통사고를 낸 적이 두 번 있습니다. 그때 일을 이야기하면서 아내는 차에 시트의 높낮이를 조절하는 기능이 없어서 사고가 났다고 말했고 저는 시트 높낮이 조절하는 기능은 어느 차에나 있다고 주장했습니다. 아내는 지난 설움에 대해서 이야기하는데 저는 사실 관계에 집중하니 마음이 상한 아내가 주방으로 가서 눈물을 보였습니다.

이때 제가 큰 실수를 했습니다. 그런 아내에게 가서 당시 우리 차의 옵션을 검색해 보여 주며 시트의 높낮이 기능이 있음에 대해 다시 말한 것입니다. 그 일로 아내의 마음이 많이 상했습니다. 성도들에게는 무한대에 가까울 정도로 참아 주지만, 아내와 자녀들에게는 원칙을 강조하고 고집을 꺾지 않는 부분을 경계해야 한다고 생각합니다.

**김관성** 。 성품보다는 자세로 표현하고 싶습니다. 가정에서는 목사가 아니라 좋은 남편(아내), 아빠(엄마)가 되어야 합니다. 가정에서도 가르치고 지시하는 목사가 되면 문제가 생깁니다.

최근 한 선교사님 부부와 대화를 나누는데, 사모님이 "우리 남편은 큰아들과 대화가 안됩니다"라고 말씀하셨습니다. 또한 어떤 목사님은 교회를 사랑하고 교회 일에 집중하는 것을 강조하면서 "집에 세탁기가 어디 있는지도 모릅니다"라는 이야기를 들으셨습니다. 이처럼 집에서도 목사라는 정체성을 가지고 배우자와 부모의 역할을 하지 않는 것은 심각한 문제를 가져옵니다. 가족들과 소통하고, 가족들이 귀찮아하고 힘들어하는 일을 가장으로서 감당해야 합니다. 좋은 남편(아내), 아빠(엄마)의 정체성을 회복해야 합니다.

## 목회자가 가정에서 소통할 때 중요한 성품은 무엇일까요?

**김관성** 。 제 경우에 아내와의 대화에서 변화가 필요한 부분은 승부욕입니다. 제 주장을 관철하기 위해서 논리적이며 구체적인 정황 증거를 가지고 이야기를 하면, 수긍하면서도 엄청난 상처를 받습니다. 이는 아내에게 없던 승부욕을 발동하게 만들고, 관계에 좋지 않은 영향을 줍니다.

**최병락。** 남자와 여자가 하루에 사용하는 언어의 양이 다릅니다. 보통은 남자에 비해 여자가 많습니다. 그렇기에 남편은 듣는 훈련을 잘하는 것이 좋습니다. 앉아서 아내의 이야기를 계속 듣는 것이 힘들다면 산책하는 방법을 추천합니다. 산책을 하다 보면 아내는 사용해야 하는 언어를 다 사용할 수 있고 남편은 함께 걸으며 아내의 이야기를 들을 수 있기에 도움이 됩니다.

**김관성。** 어느 날 아들과 등산을 하는데, 아들이 "아빠, 나는 교회 안 물려받을 거야"라는 이야기를 하는 것입니다. 그때 "너한테 물려줄 수도 없어"라고 하며 대화를 시작했는데, 기특한 이야기를 많이 들었습니다. 그렇게 대화를 하면서 굉장히 큰 에너지를 얻었습니다. '목회지에서 어떤 어려움이 있더라도 견딜 수 있겠다'는 마음이 들었습니다. 이처럼 좋은 대화는 가족들에게 뭔가를 줄 수 있는 기회를 제공할 뿐 아니라 목회자에게도 힘이 됩니다.

## 두 분은 어떻게 성품 훈련을 하셨나요?

**김관성** ◦ 인생은 수동태라고 합니다. 자기가 원하는 대로 이뤄지지 않는다는 뜻입니다. 전도사 시절, 나름 상상하고 그렸던 사역이 아니라, 불합리하고 황당한 일들을 많이 겪어야 했습니다. 이러한 삶의 현장이 저의 성품을 다듬어 가는 하나님의 수련장이었다고 생각합니다. 하나님은 원치 않는 인생과 사역의 과정을 통해 제가 옳다고 생각했던 것들을 깨뜨리시고, 몰랐던 것들을 깨닫게 하셨습니다. 가치관과 성품이 성숙해지도록 인도하셨습니다.

**최병락** ◦ 소통 전문가 김창옥 교수는 결혼할 때 "모국어가 아름다운 사람을 만나야 한다"고 강조합니다. 여기에서 말하는 '모국어'는 집안에서 쓰는 말입니다. 그래야 소통이 되고, 행복한 결혼생활을 할 수 있다는 것입니다. 이런 면에서 생각할 때, 모난 성품이 없는 사람들이 많은 산골에서 자란 것이 저의 성품을 결정하는 데 큰 영향을 준 것 같습니다.

**최병락** 。 미국에서 개척하고 10여 명 모였을 때 할머니 한 분이
등록하셨습니다. 신장 투석을 하는 분이셨는데 놀랍게도 그 병원
대표도 우리 교회에 등록하셨습니다. 계속해서 할머니의 건강이
나빠져서 투석하시는 날 병원으로 심방을 갔습니다. 제가 도착했
을 때 할머니는 투석을 마치고 병원비를 정산하고 계셨고 저를
보자 너무 반가워하셨습니다. 병원 대표님께 인사만 하고 내려오
겠다고 하며 잠시만 기다려 주시면 집에 모셔다 드리겠다고 약속
했습니다. 그런데 인사만 하고 내려오기로 해 놓고 20-30분이 지
나 나와 보니, 할머니는 이미 버스를 타고 가셨습니다. 큰 실수를
한 것입니다.

얼마 후 교역자 수련회를 떠났는데 할머니가 소천하실 것 같다
는 연락을 받았습니다. 바로 할머니가 계신 병원으로 출발했지만
도착했을 때에는 이미 돌아가시고 입관까지 끝났습니다. 돌아가
시는 마지막 순간도 뵙지 못한 것입니다.

돌아가시기 전, 따님들이 "엄마 걱정하지 마세요. 목사님 곧
오실 거예요"라고 했는데 "우리 목사님이 나 같은 사람에게 관
심이 있겠어"라는 말씀을 남기고 돌아가셨다고 전해 들었습니
다. 이때가 제 목회 인생 가운데 가장 충격적이며, 후회되는 순

간이었습니다. 그 순간이 저를 내리치는 죽비가 됐습니다. '더 약한 사람, 더 가난한 사람들의 눈에 두 번 다시 서러운 눈물 흘리게 하지 말자'는 마음을 먹었고, 제 목회 인생에 있어 터닝 포인트가 됐습니다. 빚 갚는 마음으로 긍휼하기 위해 애를 씁니다.

**김관성** 。  보통, 고통스러운 시간을 지나면 성숙해진다고 생각합니다. 하지만 저는 그렇지 않았습니다. 고통스러운 사건은 저를 회의적으로 만들었습니다.

 개척했을 때 지프차를 사면 일을 준다고 해서 계약한 경험이 있었습니다. 그런데 한 달을 기다려도 일을 주지 않아서 회사를 찾아가니 그곳이 없어졌습니다. 심지어 차 값도 물어야 하는 상황이 됐습니다. 돈이 없어서 계약을 한 것인데 사기를 당하니 마음이 불편했고 입만 열면 거친 언어들이 쏟아져 나왔습니다. 하나님은 한 번도 나를 도와주시지 않는 것 같다는 말이 나왔습니다. 그 다음에도 힘든 일을 겪으면서 신앙, 인성이 깨지는 느낌을 받았습니다. 그런 과정 속에서 하나님이 나를 빚으셨다는 느낌을 받지 못했고, 결국 다 통과하고 나서야 하나님이 나를 붙잡고 계셨음을 깨달았습니다.

## 목회하면서 성품이 망가지는 경우도 있습니다. 어떻게 해야 할까요?

**김관성** ○ 〈킹덤〉이라는 드라마를 보면 괴물에게 물리면 괴물이 됩니다. 마찬가지로 목회하면서 좋지 않은 경험이 쌓이면서, 어느 순간 괴물이 되는 경우가 있습니다. 나쁜 의도를 가지고 목회자를 대하는 사람, 자기 뜻을 관철시키려고 수단 방법을 가리지 않는 사람, 오해가 반복되는 상황을 겪으면서 자신도 모르는 사이에 괴물이 되는 것입니다. 이러한 일을 예방하려면 좋은 친구, 좋은 선배가 있어야 합니다. 자기 감정을 솔직하게 이야기할 수 있고, 자신에게 진실하게 조언해 줄 수 있는 사람들과의 교제가 중요하다고 생각합니다.

**최병락** ○ 사도 바울이 생명의 법과 사망의 법이 공존한다고 말하고 루터가 흰 말과 검은 말이 있다고 말하는 것처럼 우리 안에는 이중적인 면이 있습니다. 이때 우리를 괴물로 만드는 것에 밥을 주지 말아야 합니다. 그것들을 충동해서 분노가 쌓이고 폭발하지 않도록 해야 합니다. 이를 위해 날마다 십자가 앞에서 기도하며 상처를 씻어 내는 경건 생활이 필수적입니다.

## 젊은 목회자들에게 보완이 필요하다고 여기시는 성품이 있다면 무엇일까요?

**최병락** ○  소명을 끝까지 포기하지 않는 인내가 필요합니다. "주께서 일어나사 시온을 긍휼히 여기시리니 지금은 그에게 은혜를 베푸실 때라 정한 기한이 다가옴이니이다"(시 102:13)는 말씀처럼 하나님은 우리에게 은혜 주시기 위한 기한을 정하셨습니다. 우리가 포기하지 않고 꾸준히 소명의 길을 가다 보면 결국 은혜를 받을 수 있습니다. 그렇기에 젊은 목회자들에게 목회를 할 이유보다 하지 않을 이유가 10배나 많더라도, 소명을 포기하지 않는 인내를 갖추는 것이 필요하다고 생각합니다.

또한 겸손해야 합니다. 메시아 신드롬을 경계해야 합니다. 하나님의 말씀을 다 아는 것처럼, 자신이 해석한 하나님의 말씀이 절대적으로 옳은 것처럼 여기지 말아야 합니다.

**김관성** ○  헌신이 필요합니다. 요즘 후배들을 보면 가장 결정적인 순간에 자기 인생을 던지는 부분이 부족해 보일 때가 있습니다. 예수님의 성육신, 십자가 정신을 강조하면서 정작 우리는 기름진 삶의 현장, 사역지에만 머무는 것을 지양해야 합니다. 아버지가 목회자인 경우, 세습이나 아버지의 영향력을 통한 청빙이 올 때 이를 포기할 줄 알아야 합니다. 누구도 가지 못한 길, 낮은 자리로 인생을 던질 때 신앙의 열매가 나타난다고 생각합니다. 또한 사례비나 자신의 목회적 성공이 아니라, 하나님 나라를 위해 밑바닥부터 헌신하려는 자세가 필요하다고 생각합니다.

## 한국 교회가 목회자의 성품을 위해 애써야 하는 부분이 있다면 무엇일까요?

**김관성** 。 저의 경우 지적받고 혼나면 사나워졌습니다. 저를 성찰하고 겸손하게 한 것은 사랑받은 경험이었습니다.

결혼을 준비할 때, 전세 보증금은커녕 아내에게 반지 하나 사줄 돈이 없어 막막했습니다. 그런데 모 교회 장로님이 돈 봉투를 주시며, "전도사님, 돈 필요할 때는 꼭 연락하세요"라고 하셨습니다. 집에 돌아와서 하나님이 내 인생에 개입하시고 까마귀를 통해 역사하심을 확신하며, '목회를 통해서 경제적인 이익을 추구하는 목사는 되지 않아야겠다'고 결심했습니다. 이처럼 한국 교회가 목회자의 성품을 위해 좋은 기억들을 남겨 줘야 한다고 생각합니다.

**최병락** 。 목회자에게 메시아를 기대하는 분위기를 지양해야 합니다. 실제로 어떤 사회적 이슈가 등장할 때마다 목회자에게 의견을 표방하라고 요청하는 경우가 적지 않습니다. 그러다 보면 목회자는 성도의 주장을 반영해 결론을 내게 됩니다. 이러한 것들이 목회자를 괴물로 만들어 낼 수 있음을 기억해야 합니다.

또한 목회자가 불안해하지 않고 하나님의 말씀을 진솔하게 전할 수 있는 분위기를 만드는 것도 중요합니다. 성도들이 그러한 마음의 밭을 준비해 목회자를 포악스럽게 만들지 않는 것도 필요합니다.

소통

## 목회자에게 소통이 중요한 이유는 무엇입니까?

**최병락** ◦ 목회자의 많은 사역이 소통과 연관됩니다. 설교, 성경 공부, 심방, 상담, 회의 진행 등 소통이 잘 되지 않으면 어렵습니다. 그렇기에 목회자는 소통을 위해 애써야 합니다.

한 가지 다행스러운 것은 소통이 개발 가능한 영역이라는 점입니다. 노력하면 누구나 소통의 전문가가 될 수 있습니다.

**김관성** ◦ 목회자가 소통을 하지 않으면 문제가 생깁니다. 교정이 필요한 생각을 옳다고 주장하는 우를 범하게 됩니다. 그 결과 '최선을 다했는데 왜 이런 결과가 주어질까?'라며 자책하는 일이 생깁니다.

우리 교회의 경우, 부사역자들과 자유스러운 분위기에서 소통을 하는데, 부사역자들이 한 목소리로 "목사님! 그렇게 하면 안 됩니다"라고 말할 때가 있습니다. 그때 솔직히 기분이 좋지는 않습니다. 하지만, '모두 반대하는 거 보니까 그대로 밀고 가면 안 되겠다'라며 마음을 바꿉니다.

중요한 것은 이렇게 소통한 후 진행되는 교회의 정책이나 프로그램들은 큰 문제가 없다는 사실입니다. 이처럼 소통은 교회 안에서 생기는 오해와 문제를 미연에 방지하는 기능을 합니다.


## 목회자에게 가장 중요한 것은 하나님과의 소통입니다. 영적 소통을 위해 어떤 훈련을 해야 할까요?

**김관성** ｡  하나님을 내 뜻과 방식대로 움직이려는 생각을 빨리 버리고, 하나님의 소통 방식에 적응하고 익숙해져야 합니다.

성도들은 어떤 문제가 있을 때 새벽기도를 합니다. 그래도 하나님의 응답이 없으면 금식기도를 합니다. 그래도 안되면 모든 것을 내려놓고 기도원에 올라갑니다. 하나님의 응답을 받을 때까지 포기하지 않습니다. 마치 갈멜산에서 바알과 아세라의 사제들이 자해하며 기도하는 것처럼, "나 이렇게 하는데도 응답해 주지 않으십니까?"라며 하나님을 협박합니다. 이것은 옳은 자세가 아닙니다.

이때 하나님이 '이것을 허락하지 않으시는구나. 하나님의 다른 계획이 있겠지'라고 자신의 마음을 고쳐야 합니다. 하나님이 우리에게 좋은 것 주시기를 우리보다 갈망하시는 분임을 신뢰해야 합니다.

제 경험을 이야기하자면 하나님과 소통이 매번 잘 이루어지지 않았습니다. 하지만 제 인생의 변곡점, 위기 상황에 처했을 때 하나님은 여지없이 찾아와 저를 만나 주셨습니다. 이처럼 사람의 인생 가운데 침투하시고 교제하시는 하나님의 방법에 대해 공부하고 익숙해지는 것이 영적인 소통에 있어서 중요하다고 생각합니다.

**최병락** 。 기록된 말씀인 성경, 예수 그리스도의 성육신, 선포되는 말씀인 설교를 통해 하나님은 우리와 소통하십니다. 우리는 이 세 가지 범주 안에서 하나님 말씀을 지속적으로 듣게 됩니다. 그렇기에 우리는 하나님의 뜻에 대해 어느 정도의 감을 갖고 있습니다.

미국에서 대학교를 다니는 아들과 얼마 전 이런 이야기를 했습니다. 미국에서는 대마초를 하는 학생들이 꽤 있어서 제가 "영광아! 너는 절대로 대마초 하면 안 돼"라고 말했습니다. 그때 아들은 "아빠! 저는 절대로 하지 않아요. 대마초하는 친구들이 옆에 있어도 '절대로 하지 마'라고 하는 아빠의 목소리가 들려요"라고 답했습니다. 제 오랜 기간의 가르침이 아들의 귀에 울리고 마음에 남은 것입니다. 이처럼 목회자가 하나님의 말씀을 가까이하고 하나님 뜻을 이해한다면 그 말씀이 우리 인생의 수많은 결정 앞에서 울림이 되어 역사합니다.

## 교역자끼리 소통이 되지 않아 어려움을 겪는 경우가 적지 않습니다. 어떻게 해야 할까요?

**최병락** 。 하나님이 우리에게 먼저 다가와 말씀하신 것처럼, 선배 목회자가 소통하려는 노력을 더 해야 합니다. 특히 한국 교회 문화에서는 후배가 선배에게 자신의 의견을 내는 것이 쉽지 않기에 편하게 이야기를 하라고 해도 말을 아끼는 경우가 많습니다. 제가 우리 교회에 부임했을 때 구글처럼 회의를 진행하고 싶었습니다. 하지만 회의를 진행하는 내내 대부분의 목회자가 아무런 말도 하지 않고 제 말만 들었습니다. 그래서 목회자들의 이야기를 듣기 위해 질문을 많이 적어 와서 물었습니다. 그랬더니 단답형으로 대답했습니다. 내게 불만이 있나 생각될 정도였습니다. 목회자들이 서술형으로 답할 수 있도록 질문하자 비로소 이야기가 오고 가게 됐습니다. 이런 식으로 담임목회자와 선배들이 애를 써야 한다고 생각합니다.

**김관성** 。 교역자들의 평소 관계가 중요합니다. 우리 교회 한 집사님이 말하길, 집에서 "대화로 풀어 보자"는 말을 제일 많이 하는 사람이 남편인데, 정작 대화가 가장 안되는 사람 또한 남편이라고 합니다. "터놓고 대화하자"는 말을 한다고 해서, 소통이 되는 것은 아니라는 뜻입니다.

우리 교회 사역자들은 출근 전에 헬스장에서 함께 운동을 합니다. 이때 속마음을 나누고, 부끄러운 이야기도 하는데 이로 인해 심리적으로 가까워집니다. 또 어려운 일이 있을 때도 서로 한마음으로 아파하고 위로합니다.

그러다 보니 서로에 대한 신뢰가 쌓이고 회의를 할 때도 정말 교회를 위하고, 서로를 위하는 분위기가 형성되었습니다.

> 목회자 가정에서 의외로 소통이 잘 되지 않는 경우가 많습니다. 배우자 혹은 자녀와의 소통에서 중요한 점은 무엇일까요?

**김관성** ◦  소통과 잔소리를 구분해야 합니다. 배우자나 자녀에게 잔소리를 하면서, 소통했다고 착각하는 경우가 적지 않습니다. 제 경험으로 보면, 최고의 조언은 자녀에게 조언을 하지 않는 것이고, 최악은 좋은 조언을 많이 하는 것입니다. 특히 성장한 자녀에게 신앙적인 훈육을 계속 하면 악영향만 있을 뿐입니다. 그래서 저는 용돈을 줘야 할 일이 아니면 개입을 하지 않습니다.

우리 인생을 향해 찾아오신 하나님이 배우자와 자녀의 삶 가운데도 역사하신다는 것을 인식하고 잔소리에 가까운 소통 방식은 지양해야 합니다. 아내한테도 마찬가지입니다.

**최병락** 。 약속이 있어야 합니다. 서로 대화하다가 상처를 받지 않도록 최소한의 장치를 마련해야 합니다. 저의 경우 목회를 시작하면서 아내에게 제가 어떤 설교를 해도 칭찬만 하라고 부탁했습니다. 아내는 저에게 공격하는 용어를 쓰지 말라고 부탁했습니다. 상처 주는 말로 대화가 차단되지 않게 하기 위한 노력이었습니다. 대화를 단절시키는 요소들을 제거하는 약속을 만들고 준수하는 것이 가정의 소통에 있어 도움이 되리라고 생각합니다.

## 장로님과의 충돌로 어려움 겪는 목회자들이 적지 않습니다. 교회 리더십과 협력하여 선을 이루기 위한 소통법이 있을까요?

**최병락** 。 우선, 장로님을 존중해 드려야 합니다. 회의 시간에 본인이 낸 의견이 묵살당하면 장로님들의 마음이 많이 상합니다. 그래서 저는 장로님이 어떤 의견을 내시든 "굉장히 중요한 말씀입니다"라며 이야기를 시작합니다. 이러한 노력이 지금까지 큰 분열 없이 화평하게 목회할 수 있었던 동력이라고 생각합니다.

**김관성** 。 교회는 담임목사 중심이어야 합니다. 장로님도 교회를 사랑하지만 담임목사만큼은 아닙니다. 장로님의 마음이 부족하다는 것이 아니라 물리적으로 담임목사만큼 시간과 마음을 쓸 수 없다는 말입니다. 이런 차원에서 담임목사는 누구보다 교회를 사랑합니다. 그렇기에 담임목사의 영적 권위에 대한 존중이 있어야 한다고 생각합니다.

이와 함께, 담임목사는 장로님과 원활한 관계를 맺기 위해 노력해야 합니다. 저의 경우 장로님을 집으로 초대해 식사를 자주 합니다. 살아온 이야기, 고생한 이야기 등을 나누며 소통할 때 관계가 깊어지고, 이것이 교회 회의를 할 때 많은 영향을 주는 경험을 했습니다.

## 목회 상담에서 유의해야 하는 점은 무엇입니까?

**김관성** ◦  교인의 아픔에 공감해 주다가 하나님의 말씀을 놓치는 우를 범하면 안 됩니다. 저도 어려운 교인이 상처받고 교회를 등질까 봐 말씀을 전하지 못하는 실수를 종종 합니다. 교인이 너무 어려워서 성경에 위배되는 선택과 결정을 할 때 하나님 말씀을 제대로 권하지 못하는 것을 경계해야 합니다.

이성 성도와 상담할 때 오해가 될 만한 상황을 만들지 말아야 합니다. 누가 보더라도 이해가 되는 공간에서 진행해야 합니다. 또한 사적인 비밀에 대해서는 반드시 함구해 성도를 보호해야 합니다.

**최병락** ○   첫째, 경청하는 것이 중요하다고 생각합니다. 목회자는 성도들이 와서 몇 마디만 해도 어떤 주제이고 무슨 답을 해야 할지 압니다. 하지만 성도의 이야기에 귀를 기울여야 합니다.

둘째, 성도 간의 갈등으로 인한 목회 상담에서는 한쪽 편 성도에게 공감하면 또 다른 성도를 험담하는 꼴이 됩니다. 그렇기에 누군가에 대해 좋지 않은 이야기를 듣고 끝나는 것이 아니라 목회자로서 그분의 장점에 대해 알려 줘야 합니다.

셋째, 신앙적인 상담과 같이 목회자가 할 수 있는 상담과 그렇지 않은 상담을 구분해야 합니다. 우울증이나 가정 문제 같은 전문적인 영역의 상담은 전문가에게 맡겨야 합니다. 그렇게 해야만 문제가 해결되기 때문입니다.

## 공동의회, 당회 등과 같은 회의에서 소통할 때 유의해야 하는 점은 무엇입니까?

**최병락** ○   사전에 몇 사람이 만나 안건의 내용과 결과를 결정한 뒤에 회의를 진행하는 것을 조심해야 합니다. 그래야 분열되지 않고 제대로 된 회의를 할 수 있습니다. 또한 회의 결과가 하나님의 주권에 의한 것임을 받아들일 수 있어야 합니다. 회의 결과에 자존심을 걸고 "무조건 돼야 한다"는 자세를 지양해야 합니다. 그래야만 회의가 힘 있는 사람에 의해 결정되는 것이 아님을 알고 여유를 갖게 됩니다.

**김관성** 。  기도가 필요합니다. 기도하지 않고 회의를 진행하면 목사의 뜻과 소신을 관철시키려는 자세를 갖게 됩니다. 그렇기에 이 회의에서 결정되는 것을 하나님의 뜻으로 받아들일 수 있는 마음을 위해 기도하며 진행해야 합니다.

## 심방에서의 소통, 어떤 점을 신경 써야 하나요?

**최병락** 。  담임목사에게 심방을 요청하는 경우는 대부분 중요한 기도 제목이 있을 때입니다. 그래서 저는 그 가정의 기도 제목을 적어 놓고, 모두 기도해 주는 것에 집중합니다.

또한 누구와 함께 심방하느냐에 따른 수위 조절을 합니다. 심방 팀과 함께할 경우에는 목회자가 지나치게 이야기를 강요해서 개인적인 부분이 소문나지 않도록 조심합니다.

**김관성** 。  심방에서 두 가지를 강조하는데, 첫째는 성도가 좋아하는 음식을 체크해서 식당을 예약하는 것입니다. 함께 맛있는 것을 먹는 경험이 긍정적인 분위기를 만들어 주기 때문입니다. 둘째는 성도의 이야기를 듣기만 하는 것이 아니라 제가 가지고 있는 고충도 이야기하는 것입니다. 그러면 성도가 담임목사의 고충을 듣고 함께 고민했다는 것에 대해 기뻐할 뿐 아니라 굉장한 친밀감이 쌓입니다.

## 온라인 설교를 할 때, 어떤 점에 신경 써야 할까요?

**김관성** ◦ 긴장감 유지가 중요하다고 생각합니다. 처음에 아무도 없는 곳에서 설교하니까 긴장감을 유지하는 것이 굉장히 힘들었습니다. 실제로 회중의 화답 가운데 설교하는 것과 그렇지 않은 것은 큰 차이가 있었습니다. 비대면 상황에서는 이를 극복하는 것이 중요합니다. 이를 위해 저는 사람이 없거나 많이 모이지 않은 상황에서 설교할 때 예수님이 청중석 중앙에 앉아 계신다는 생각을 하고 설교합니다. 그렇게 할 때 긴장감을 유지한 채 설교할 수 있었습니다.

**최병락** ◦ 본당에 1000명이 앉아 있을 때는 한 사람에게 설교하는 것처럼 해야 합니다. 마치 하나님이 자신에게 말씀하시는 것처럼 느낄 수 있도록 애써야 합니다. 아무도 없을 때는 1000명이 앉아 있는 것처럼 설교해야 합니다. 열방을 향해 선포하듯이 해야 합니다. 또한 코로나19와 같이 성도들이 위축되었을 때 격려와 소망의 메시지를 전해야 합니다. 온라인 설교는 가급적 짧게 하라는 설교학 교수의 메시지도 참고할 필요가 있습니다.

**김관성** ◦ 저는 온라인 설교는 짧게 해야 한다는 주장에 대해서 동의하지 않습니다. 성도 중에는 짧은 설교를 통해 정확한 메시지를 잘 전한다고 생각할 수도 있지만, 설교에 성의가 없다고 느끼는 경우도 있습니다. 또한 긴 설교를 통해서도 은혜를 받는 경우가 많습니다. 그렇기에 천편일률적으로 몇 분 이상 설교하지 말라고 하는 것에 대해서는 재고할 필요가 있다고 생각합니다.

> 이제는 SNS나 온라인에서 활발하게 활동하는 목회자가 많아지고 있습니다. 목회자가 온라인으로 소통할 때 장단점이나 유의 사항이 있다면 알려 주세요.

**김관성** ◦ 개척 교회 목회자의 경우, SNS를 잘 활용하면 목회에 큰 도움을 받을 수 있습니다. 한 목사님이 개척을 준비하면서 "저는 방법이 없습니다"라며 상담을 요청한 적이 있습니다. 그래서 A4용지 3장 분량으로 50편의 글을 써 오라고 했습니다. 목사님은 얼마 후 잘 정리된 글을 갖고 왔고, 저는 다시 50편의 글을 요청했습니다. 이후 매일 한편씩 SNS에 글을 올리도록 했고, 저는 그 글을 공유해 많은 사람이 읽을 수 있도록 했습니다. 이렇게 1-2주가 지나니까 목사님의 글에 대해 사람들이 관심을 가졌고, 목사님이 개척한 현장에 찾아오는 분들이 있었습니다. 그분은 그 것을 모아 단행본으로 출판했고, 베스트셀러가 되면서 교회가 자립하는 계기가 됐습니다. 이처럼 전략을 가지고 SNS를 하면 아무 수단이 없는 목회자에게 유익이 있다고 생각합니다.

반면 SNS를 하면서 시간을 많이 할애하는 부분에 대해서는 경계해야 합니다. 댓글에 일일이 마음을 담아 대답하다 보면 하루 종일이 걸릴 수도 있습니다. 그렇기에 핸드폰에서 SNS 앱을 지우고, 시간을 정해 SNS를 하는 방식을 취해야 합니다.

**최병락** ◦  유튜브, SNS 등에 대해서 '나는 하지 않겠어'라며 마음을 닫는 것은 뒤처지는 생각입니다. 잘 활용하는 것이 시대적 요청입니다. 복음을 효과적으로 전하는 장으로 활용할 줄 알아야 합니다. 다만 다양한 SNS보다는, 자기의 소통 방식과 맞는 SNS를 찾아내는 것도 중요하다고 생각합니다.

> 교회에서 사용하는 용어가 비신자나 새신자에게 외국어 같
> 다고 하시는 분들도 있습니다. 이들에게 친절한 교회 용어
> 나 언어 사용법에 대해 조언해 주세요.

**최병락** 。 기독교의 정신을 담고 있는 용어, 기독교 전통을 담고 있는 용어에 대해서는 포기하면 안 됩니다. 이러한 용어는 비신자나 새신자들이 어색해 한다고 변화를 주는 것이 아니라, 회심해서 익히도록 해야 합니다.

반면 우리가 폭력적으로 사용하는 용어에 대해서는 변화를 줘야 합니다. 예를 들면 '믿지 않는 자'라는 표현입니다. 이는 믿음이 없는 분이 들었을 때는 썩 기분 좋은 표현이 아닙니다. 특히 전도 행사 때 이러한 표현을 많이 쓰는데 조심해야 한다고 생각합니다.

마지막으로, 용어보다 중요한 것은 태도라고 생각합니다. 교회와 세상에 대해서 이분법적인 사고를 하는 경우가 적지 않습니다. 교회는 죄의 문제를 해결했지만, 세상은 타락하고 죄가 많다는 것입니다. '우리는 고결하고 너희는 죄 속에서 산다'는 태도를 가지는 것이 더 큰 문제라고 생각합니다.

**김관성** 。 성경 번역의 문제라고 생각합니다. 많은 교회가 사용하는 개역개정의 경우 번역 상의 문제도 있지만 고어체라는 것이 더욱 문제입니다. 성경에 익숙하지 않은 사람이 볼 때 이해하기

어려운 용어가 너무 많습니다. 일반인도 쉽게 이해할 수 있도록
변화가 필요합니다.

> **한국 교회가 세상과 불통한다는 지적이 많습니다. 세상과
> 소통하기 위해 한국 교회가 노력해야 하는 점이 있다면 무
> 엇일까요?**

**김관성** ○  저는 한국 교회만큼 세상과 열심히 소통하는 종교가 없
다고 생각합니다. 그 어떤 종교보다도 다른 이들의 아픔을 공감
하고 도우려고 합니다. 실제로 유시민 씨가 보건복지부 장관으로
있을 때 "한국 교회에 대해 좋지 않은 인식이 있었는데 한국 교회
가 감당하는 복지의 양과 수준이 압도적인 것을 확인하고는 생각
이 달라졌습니다"라고 말한 적도 있습니다. 문제는 일부 몰지각
한 목회자의 성추문 사건, 스캔들 등이 한국 교회의 이미지를 왜
곡시키고 있다는 사실입니다. 타종교에 비해서 이런 사건이 너무
많습니다.

**최병락** ○  교회가 세상과 불통한다는 오해를 받는 데는 몇 가지
이유가 있다고 생각합니다. 첫째, 타종교에 비해서 목회자의 허
물이 많이 노출됩니다. 실제로 절에 가려면 산으로 가야 합니다.

시간을 따로 내야 합니다. 하지만 교회는 다릅니다. 시장에서 콩나물 팔다가도 바로 문 열고 들어갈 수 있습니다. 이러한 접근성 때문에 허물이 좀 더 쉽게 노출된다고 생각합니다.

둘째, 한국 교회 시스템의 문제도 있습니다. 사례비를 종파에서 받는 타종교에 비해 한국 교회는 개교회에서 받습니다. 성도의 헌금이 사례비로 지급되기에 오해받기 좋은 것입니다.

셋째, 성경이 "오른손이 하는 일을 왼손이 모르게 하라"고 했기에, 한국 교회 봉사 활동에 대해 알려지지 않는 부분도 있습니다. 해마다 엄청난 구제와 봉사 활동을 하고 있지만 드러나지 않는 것이 세상과 불통한다는 지적으로 이어졌다고 생각합니다. 이러한 이유들을 분석하고, 잘 대응해서 오해를 풀어야 합니다.

**김관성** 。 한국 교회가 어려운 이웃을 돌보기 위해 봉사하고 헌신하는 미담 사례를 서로 공유하는 것도 좋은 방법입니다. 세상과 소통하기 위해 몸부림치고 있음을 알리면 좋겠습니다.

3장

목회자의 자기 계발

독서

## 목회와 독서의 상관성에 대해 설명해 주세요.

**김관성** 。  로이드 존스 목사님은 "책 읽기 싫으면 목회하지 말라"고 합니다. 목회자를 영적인 선생 혹은 멘토라고 하는데, 선생이 제자보다 지식이 부족하다는 것은 있을 수 없는 일이기 때문입니다. 그렇기에 목회자는 끊임없이 책을 읽어야 하는 존재입니다.

또한 책은 사람을 이해하는 데 결정적인 도움을 줍니다. 사실 경험만으로 사람을 이해하는 데는 한계가 있습니다. 고생스러운 삶을 살았던 사람은 성공한 사람들에 대해 좋지 않은 시각을 가질 수 있고, 부유하고 형통한 사람은 바닥을 통과하는 사람들의 아픔에 대해 공감하지 못할 수도 있습니다. 이러한 한계를 극복하게 하는 것이 독서입니다. 독서를 하면 인간의 다양한 삶의 모습을 접하며 각 사람의 심정을 이해하고 공감할 수 있기 때문입니다.

**최병락** 。  "노인은 한 마을의 도서관이다"라는 격언이 있습니다.

노인을 통해 마을 사람들이 역사를 배우고 지혜를 얻기 때문입니다. 목회자가 바로 노인과 같은 역할을 했습니다. 강단을 통해 선포되는 하나님의 말씀은 지식을 쌓을 수 있는 채널이 많지 않았던 시대에 사람들의 지성을 깨우는 역할을 했습니다. 그렇기에 독서는 목회자의 가장 큰 숙제요 책임입니다.

> **두 분은 목회를 위한 독서를 어떻게 실천하고 계십니까? 나만의 독서법이 있다면 소개해 주세요.**

**최병락** ◦ 부목사님들에게 "요즘 무슨 책 읽어요?"라고 물을 때 가장 많이 듣는 대답이 "바빠서 못 읽고 있습니다"입니다. 그런데 실상을 보면 바빠서라기보다 습관이 되지 않아서 못 읽는 것입니다. 아무리 바빠도 습관이 들면 어떻게든 읽기 때문입니다. 그렇기에 독서법보다 중요한 것은 독서 습관입니다. 100권, 나아가 1000권을 읽는 것보다 독서하는 습관을 갖는 것이 필요합니다.

**김관성** ◦ 저는 잡독 스타일입니다. 남들이 좋아하고 재밌어 하는 책은 다 읽는 것 같습니다. 대개, 10권에서 20권을 한꺼번에 읽습니다. 어떤 책을 읽다가 지루하면 다른 책으로 넘어가고, 그 책도 지루해지면 다른 책을 읽습니다.

**최병락** ◦    저도 비슷합니다. 한 권을 지속적으로 읽을 때도 있지만 대부분은 신학 서적, 문학 서적, 시집, 수필 등으로 번갈아 읽습니다. 이런 식으로 독서하면 책을 장시간 봐도 지치지 않아 유익합니다.

## 바쁜 목회 일정에서 어떻게 독서 시간을 확보할 수 있을까요?

**김관성** ◦    시간이 없다는 것은 사실이 아닙니다. 책 읽을 시간이 없다는 것은 독서가 재미없다는 뜻입니다. 사람은 자기가 좋아하는 일은 결국 하게 되어 있습니다. 독서가 재미있으면 밤을 새워 읽고 새벽에 일어나서 책을 찾습니다. 하여 독서를 위한 시간을 확보하는 일보다 독서에 재미를 붙이는 것이 중요합니다.

독서는 젊을 때 많이 해야 합니다. 50대가 되니 체력이 30-40대 같지 않습니다. 눈 건강도 그렇고 독서하는 데 체력이 더 많이 소진됩니다. 독서할 수 있는 물리적인 시간도 줄어듭니다. 그렇기에 20-40대에 다른 취미 내려놓고 책을 집중적으로 읽어야 합니다. 그래야 책을 고르는 능력도 생기고, 50대에 노련하게 독서할 수 있습니다.

**최병락** ◦    저의 경우에는 다음과 같이 목회 일정을 정해 놓습니다. 매주 월요일은 양수리 수양관 같은 곳에 가서 종일 읽고 싶은 책을 봅니다. 화요일에는 주일 설교를 준비하고 수요일에는 목회에 필요한 책을 읽습니다. 목요일은 집중해서 성경을 통독하고 금요일에는 금요 성령 집회를 준비하며 토요일에는 주일 설교와 사역을 준비합니다. 또한 새벽예배 이후 시간부터 8시간은 무조건 책상에 앉습니다. 이러한 습관이 독서 시간 확보에 유익했습니다.

## 목회를 위한 책을 고르는 기준이 있다면 무엇입니까?

**최병락** 。 '균형'입니다. 목회자는 사람을 이해할 수 있어야 하고 세상도 알아야 합니다. 세상이 어떻게 움직이는지를 파악하고 성경적으로 풀어낼 수 있어야 합니다. 그렇기에 성경적인 안목을 갖게 해 주는 책도 읽어야 하고 세상의 이치를 파악할 수 있는 책도 읽어야 합니다.

한 가지 부연하자면 아무리 좋은 책이라고 해도 어렵고 재미가 없으면 진도가 나가지 않습니다. 손에 잡히는 책을 먼저 읽으며 재미를 느끼는 게 중요합니다. 그렇게 한두 권씩 읽다 보면 읽어야 할 책, 책장에 꽂아 두고 계속해서 봐야 할 책, 다른 사람에게 선물할 책 등을 구별하게 됩니다.

**김관성** 。 저는 〈목회와 신학〉을 비롯해 〈기독교 사상〉, 〈복음과 상황〉, 〈시사인〉 등의 잡지를 통해 교계 이슈나 세상 정보, 사회의 인식을 파악합니다. SNS에서 사람들이 소개하는 책 중에 읽지 않은 책, 읽고 싶은 책을 찾아봅니다. 그러다 보면 시사, 세상 이슈, 신학 서적, 일반 서적 중에 좋은 책들을 균형 있게 보게 됩니다.

저는 후배 목회자들이 교회 이슈나 신학에 함몰되는 것도, 세상에만 관심을 쏟고 신학 서적이나 신앙 서적을 멀리하는 것도 경계해야 한다고 생각합니다. 또한 설교집 읽는 것을 폄하하는 시각도 조심해야 합니다. 번뜩이는 통찰력을 주는 설교집을 꾸준히 읽는 것은 큰 도움이 됩니다.

> 목회를 위한 독서와 신학 연구를 위한 독서, 교양을 위한 독서의 다른 점이 있다면 무엇이며, 각각 어떻게 읽어야 효과적일까요?

**김관성** 。 목회나 신학 연구를 위해 책을 읽은 적은 한 번도 없습니다. 신학교 시절 가졌던 관점 위에서 책을 읽고 비평하며 지식을 더하는 정도였습니다.

또한 책을 읽는다고 교양을 배울 수 있는 것은 아닙니다. 지식이 쌓이는 것과 인격을 온전하게 하는 것은 별개의 문제입니다. 제 경험으로는 일반 독자가 좋아하고 재미있어 하는 책을 읽은 것이 쌓여 삶을 풍요롭게 하고 시각을 넓혀 주고 다른 사람을 이해하게 만들어 준 것 같습니다.

**최병락**。 의사들이 의학 서적을 읽어야 하고, 변호사들이 육법전서를 읽어야 하는 것처럼, 목회자들도 기본이 되는 신학 교과서를 읽어야 합니다. 신학적 소양을 갖춘 다음에 다른 책들을 읽으며 연관시켜 나가는 작업을 해야 합니다. 예를 들어 성경적 인간론에 대해 정립한 후에 소설, 수필, 인문학, 교양 서적, 경제 서적에서는 인간이 어떻게 그려지는지 연구하는 것입니다.

**김관성**。 하나님의 영광을 강조하는 기독교 근본주의 시각에서는 먹고사는 문제에 대해 약간 폄하하는 듯한 표현이 많습니다. 하지만 나이가 들수록 먹고사는 문제와 관련해서 실존적으로 느끼는 고민이 깊어집니다. 예전에 《산둥 수용소》, 《칼에 지다》, 《그리스인 조르바》를 아무 연결점 없이 읽었는데, 세 책 모두 이 문제를 기가 막히게 통찰하고 있습니다.

다른 시대, 다른 공간에서 사람들이 먹고 사는 문제로 고민하며 대답하는데, 그것을 제 관점으로 가져오니까 통찰력 있는 글과 메시지가 됐습니다. 이처럼 다양하게 읽다 보면 연결되고 만나는 부분이 있음을 강조하고 싶습니다.

## 신학적인 기초가 탄탄해야 다른 책들을 보면서 통찰을 얻을 수 있다고 생각합니다. 이를 위해 어떻게 독서해야 할까요?

**최병락** ◦ 신학적으로 어떤 노선에 있느냐에 따라 칼뱅의 《기독교 강요》, 《존 웨슬리의 일기》, 존 오웬의 저서 등 반드시 읽어야 하는 1차 문서가 있습니다. 자기가 신학적 노선을 정했다면 이러한 1차 문서를 반드시 읽어야 합니다. 1차 문서가 너무 방대해서 읽기 힘들다면 해설서, 교리집이라도 읽어야 합니다.

또한 일반 서적을 대할 때에 신학적 고민을 하는 것도 중요합니다. 일본의 하이쿠 시인 고바야시 잇사의 시를 읽은 적이 있습니다. 그는 늦은 나이에 결혼했으나 네 자녀와 처를 잃었습니다. 그리고는 절에 들어가서 승려에게 자기 이야기를 합니다. 그때 승려는 "인생은 이슬 같습니다"라고 대답합니다. 이를 들은 잇사는 집으로 돌아가며 "이슬의 세상은 이슬의 세상이지만, 그렇지만"이라는 하이쿠를 썼습니다.

인생이 이슬이라고 해도 나를 이처럼 잔인하게 이슬처럼 대할 수 있는가라는 질문을 담고 있는 시라고 생각합니다. 이 하이쿠를 통해 한동안 신정론에 대해서 깊이 있게 고민하며, "인간은 어떤 존재인지, 인간을 다루시는 하나님의 의도는 무엇인지, 하나님은 어떤 분인지"에 대해서 정리했습니다. 이처럼 신학적 토대, 신학적 고민이 토대가 된다면 일반 서적에서도 많은 도움을 얻을 수 있을 것이라고 생각합니다.

**김관성** 。  신학 공부를 치열하게 해야 한다는 것에 동의하지만, 한편으로 신학에 너무 몰두하는 것에 대해서는 조심해야 한다고 생각합니다. 목회자임에도 불구하고 신학 공부 때문에 목양에 소홀한 경우도 적지 않습니다. 목회자로서 갖춰야 할 신학적 소양이 어느 정도인지 파악해서 지혜롭게 독서할 필요가 있습니다.

또한 신학교 과정을 성실하게 보내는 것이 중요합니다. 신학교 커리큘럼은 한 사람의 목회자를 만들기 위해서 교수님들이 고심해서 구성한 것입니다. 그렇기에 신학교 학위 과정에서 성실하고 치열하게 공부한다면 목회자로서 기초를 탄탄히 할 수 있습니다. 치열한 목회 현장에서 신학적인 토대를 쌓는다는 것은 불가능합니다. 상황을 파악하고 대안을 제시하기에도 시간이 모자라기 때문입니다. 그러므로 신학교 시절 교과서를 비롯해서 치열하게 독서하는 훈련이 되어 있어야 합니다.

> 목회자는 설교 준비를 위해 성경을 읽고, 관련 서적을 읽는 경우가 적지 않습니다. 이런 부분에 대해서는 어떻게 생각하십니까?

**김관성** 。 저는 이를 부정적으로 보지 않습니다. 자신의 직무에 충실한 것이라고 생각합니다. 보통 사람들은 발등에 불이 떨어져야 합니다. 목회자도 마찬가지입니다. 내일 설교를 위해서 오늘 이 책, 저 책을 읽고 공부하는 것은 자연스러운 모습입니다. 자신이 감당해야 될 일 때문에 진지하게 자료를 찾고, 독서를 하는 것 자체가 영성을 위한 일이라고 생각합니다.

**최병락** 。 저도 김 목사님의 말씀에 전적으로 동의합니다. 설교를 준비해야 하기 때문에 성경을 읽고, 책을 읽는 것은 목회자에게 주신 가장 좋은 선물이라고 생각합니다. 목회를 위해서 어쩔 수 없이 한 독서가 우리를 성장시키기 때문입니다.

**김관성** 。 저는 신학교에 들어갈 때 학력고사 성적이 높지 않았습니다. 그러다 보니 열등감이 있었습니다. 고민을 이야기하니까 한 목사님이 "목사가 목회하면서 어쩔 수 없이 책을 읽고 설교를 준비하기 위해 독서를 한 세월이 20-30년 되기 때문에 우리보다 공부를 잘하고 좋은 대학교에 간 사람들과 정치·경제·인문적 지식을 나눌 때에 전혀 밀리지 않습니다"라고 답했습니다. 그렇습니다. 설교나 목회를 위해 독서를 한 자체가 목회자에게 큰 선물입니다.

## 목회자의 성경 읽기, 어떻게 해야 할까요?

**김관성**。 목회자는 성경을 다독하는 것보다 깊이 읽어야 합니다. 성경을 다독하는 것은 목회하기 전에 해야 합니다. 성경 구석구석 모르는 내용이 없도록 해야 합니다. 반면 목회 현장에서는 한 성경을 깊게 연구해야 합니다. 저의 경우 고린도전서를 읽는다고 하면, 많은 번역본을 읽습니다. 개역개정, 새번역, 공동번역, 영어성경 번역도 찾아봅니다. 그런 다음 좋은 주석, 강해를 찾아 읽습니다. 그렇게 성경 각 권을 정리합니다. 이처럼 성경을 읽으면 설교 준비에 많은 도움이 됩니다.

**최병락**。 목회자는 성경을 깊이 읽을 뿐 아니라 넓게 읽을 줄도 알아야 합니다. 설교를 열심히 준비해서 잘했는데 다음날 성경을 읽다가 후회하는 경우가 많습니다. 어제 설교의 화룡점정이 되는 구절인데 놓쳐서 아쉬웠던 것입니다. 이런 차원에서 성경을 다독하는 것도 필요합니다.

**최병락** 。 목회는 종합 예술입니다. 목회자는 책을 읽고 연구하는 학자, 하나님의 말씀을 전하는 설교자, 성도의 문제를 들여다보고 답을 제시하는 상담가, 아픈 사람에게 손을 얹고 기도하는 치유자가 되어야 합니다. 이 모든 분야에 대해 공부해야 합니다. 그런데 이러한 분야에 대해 공부할 때, 기술적으로 접근하는 것은 한계가 있습니다. 그렇기에 상담 기술에 대한 책을 읽는 것보다 인간에 대한 깊은 이해를 제공하는 책을 읽는 것이 더 유익합니다.

**김관성** 。 목회 현장에서 제자 훈련, 전도, 상담을 위한 책을 읽는 사람 중에 이것들을 잘하는 사람을 보지 못했습니다. 어떤 문제에 당면하고, 사역을 시작하기 위해서 특정 주제를 연구하면 이미 늦습니다. 목회 현장에서 한 분야를 연구하고 체득해서 효과적으로 사역하는 것은 거의 불가능합니다. 그렇기에 이러한 공부는 미리 해야 합니다. 평소에 전문가의 책을 읽으며 꾸준히 준비해야 사역하는 데 도움을 받을 수 있습니다.

## 후배 목회자에게 추천하는 독서법이 있을까요?

**김관성** ◦ 폭넓게 독서하길 권합니다. 신학 서적, 신앙 서적뿐 아니라 문학 서적이나 일반 분야의 베스트셀러 등도 읽는 것을 추천합니다. 교회에는 다양한 사람이 오기 때문입니다. 힘든 인생을 사는 사람의 심정을 이해할 수 있는 소설, 식자층과 기본적인 대화를 위한 지식을 얻을 수 있는 책 등을 읽는 것이 필요합니다.

**최병락** ◦ 1차 문서들은 반복해서 읽는 것이 중요합니다. 그러나 그 외에는 한 저자의 책을 여러 권 읽는 것을 추천합니다. 예를 들어 유진 피터슨의 《다윗: 현실에 뿌리박은 영성》이 좋다고 한다면, 그 책을 5번 읽는 것보다는 유진 피터슨의 책을 5권 읽는 것이 좋다는 의미입니다. 유진 피터슨의 중요한 사상이 다른 저작물에도 동일하게 나타나기 때문입니다. 이처럼 한 사람의 저작물을 여러 권 읽으면 반드시 숙지해야 하는 저자의 사상을 효과적으로 이해할 수 있습니다.

**김관성** ◦ 한 권의 책을 여러 번 읽는 것도 중요합니다.《성문종합영어》를 여러 번 읽었더니 그것이 뇌리에 박혀 영문법이 어느 정도 잡혀 있습니다. 자녀들이 "아빠는 발음도 이상하고 말하는 것도 서툰 것 같은데 영문법은 어떻게 잘 아는 거야?"라고 물을 정도입니다. 이처럼 한 권의 책을 여러 번 읽는 것도 중요한 지식이 휘발성 있게 날아가지 않도록 잡아 주는 역할을 합니다.

## 목회자와 평신도의 독서는 어떻게 달라야 할까요?

**김관성** ◦   설교를 준비하기 위해서는 박학다식해야 합니다. 성경 뿐 아니라 다양한 분야의 책들을 읽고 소화해야 합니다. 성경 읽기도 마찬가지입니다. 평신도들이 아무리 열심히 신학 공부를 한다고 해도 10년 이상 강해 설교를 한 목회자의 수준에 이를 수는 없습니다. 목회자는 성경뿐 아니라 성경을 해석한 수많은 책을 접하고 읽어 왔기 때문입니다. 한편 목회자가 만물박사인 척하는 것은 조심해야 합니다. 성도들의 모든 문제에 대한 답을 주려고 하는 자세는 피해야 합니다. 목회자의 전공이 아닌 분야에 대해서 독서할 때는 경청하고 배우는 자세를 취해야 합니다.

**최병락** ◦   모든 책을 전문가처럼 읽을 수는 없습니다. 하지만 모든 책을 성서적으로 해석할 줄 알아야 합니다. 예를 들면《휴먼카인드》라는 책을 볼 때, 과학자는 과학자의 시각으로, 인문학자는 인문학자의 시각으로, 사회학자는 사회학자의 시각으로 해석합니다. 마찬가지로 목회자는 성서적인 시각으로 책을 읽고 해석해서 설명할 수 있어야 합니다. 그래야만 성도들로 하여금 성서적 세계관을 갖도록 목양할 수 있습니다.

교회 성도 중에 언어학 교수님이 있었습니다. 그분과 대화를 나눌 때 페르디낭 드 소쉬르의 언어학에 대한 이야기가 나왔습니다. 그때 그분에게 소쉬르의 책을 읽으면서 성경적으로 고민하고 묵상했던 것을 이야기했습니다. 그러자 그분은 본인의 전공 분야지만 생각하지 않았던 부분을 제가 고민한 것에 대해 놀라워하셨습니다. 이처럼 목회자는 전문가와 이야기할 때 성경적 세계관, 복음적 입장에서 생각하며 화두를 던질 수 있는 수준에 이르러야 한다고 생각합니다.

**김관성** 。 최근 젊은 목회자들의 인문학적 소양이 떨어진다는 이야기를 심심치 않게 듣습니다. 이는 굉장한 시사점이 있습니다. 목양하고 가르치기 위해서 목회자는 최소한 '우리 목사님 무식하다'는 느낌을 주지 말아야 합니다. 필사적으로 독서해서 이 세상에 쏟아져 나오는 방대한 책들을 성경적으로 해석해서 설명할 수 있는 수준에 도달해야 합니다.

## 교인들의 독서 훈련을 위해, 목회자가 준비하고 유의해야 하는 것이 있다면 무엇일까요?

**김관성** ◦ 저는 교인들에게 독서를 훈련시켜 본 적은 없습니다. 독서 모임이 인기를 끌면서 교회에서 독서 훈련을 시키는 분들도 있는데, 저는 이에 대해 회의적입니다. 독서는 개인 취향의 문제이지 교회가 사역으로 감당해야 하는 영역이라고 생각하지는 않습니다.

다만 교회에서 독서반을 운영한 적은 있습니다. 그런데 독서반이 독서하는 모임으로 끝나는 것을 본 적이 없습니다. 먹고 수다를 떠는 것에 더 집중하는 경우가 많았습니다. 그마저도 중간에 중단하는 경우가 적지 않았습니다. 이러한 면들을 고려할 때 만약 교회에서 독서반을 운영한다면, 우선 이를 잘 이끌 소양을 갖춘 분을 세워서 맡기는 것이 적절하다고 생각합니다.

**최병락** ◦ 강남중앙침례교회는 성도들이 등록하면 신앙생활에 유익이 되는 필독서를 추천하고 읽게 합니다. 존 번연의 《천로역정》, 데이비드 플랫의 《래디컬》, 팀 켈러의 저서들, 가정예배에 관한 최영기 목사님의 저서들입니다. 이를 통해 복음에 대해 이해할 수 있도록 돕습니다.

또한 이보다 더 중요한 것은 성도들이 피해야 할 책을 접하지 않게 하는 것입니다. 이단 서적이나 성경을 곡해하는 책들을 분별해 성도가 바른 신앙을 지키도록 도와야 합니다.

**김관성** 。 교회는 성도들에게 인문학 서적보다 신앙 서적 읽기를 강조해야 합니다. 신앙의 여정을 어떻게 걸어가야 할지 지혜를 얻을 수 있는 책들을 읽게 하는 것이 성도를 위한 가장 좋은 독서 훈련이라고 생각합니다.

# 조직신학

## 목회를 위해 조직신학적 준비가 왜 중요한지 설명해 주세요.

**김관성** 。 목회자가 조직신학적으로 탄탄하게 준비되어 있지 않으면 설교와 목회의 방향이 일관성을 갖지 못합니다. 어떤 세미나에 참석했느냐에 따라 교회 비전, 설교 방향이 바뀝니다. 그 결과 본인은 물론 성도들도 혼란스러워집니다. 조직신학적으로 준비되지 않으면 자신이 무엇을 외치고 주장하는지도 모르면서 성도들을 양육하는 결과를 초래합니다. 그러므로 신학의 모든 분야가 중요하지만 특별히 조직신학적 준비는 목회자에게 생명과 같은 일입니다.

**최병락** 。 최근 미국에서는 "본문이 이끄는 설교"에 관한 이야기가 많이 나오고 있습니다. 조직신학적으로 너무 치우치지 말고 성경이 말하고 있는 자체를 그대로 전하는 것이 설교자의 책임이라는 사상입니다. 이것이 잘못되었다고 생각하지는 않습니다만 조직신학도 필요하다고 생각합니다. 조직신학적으로 준비가 되어야만 성경을 일관성 있게 해석하고 가르칠 수 있기 때문입니다. 조직신학적으로 준비되지 않으면 이번 주일에는 구원을 잃어버릴 수 없다고 설교하고 다음 주일에는 그렇게 하면 지옥에 간다고 설교하는 일이 벌어집니다. 본인의 설교를 본인이 반박하는 우를 범하는 것입니다. 일관성 있는 목회를 위해서 조직신학적 준비가 필요합니다.

## 조직신학 공부를 위한 필독서를 추천해 주십시오.

**최병락** 。 신학 노선을 정하기 전에《한 번 받은 구원 영원한가》를 읽을 것을 추천합니다. 이 책은 고전적 칼뱅주의 관점, 온건 칼뱅주의 관점, 개혁주의적 아르미니우스주의 관점, 웨슬리주의적 아르미니우스주의 관점에 대한 이해를 돕는 좋은 교재입니다. 마이클 호튼(고전적 칼뱅주의), 노만 가이슬러(온건 칼뱅주의), 스티븐 애슈비(개혁주의적 아르미니우스주의), 스티븐 하퍼(웨슬리주의적 아르미니우스주의)가 각각 자신의 견해를 설명한 후 나머지 사람들이 논평을 이어가는 형식인데, 각 교리적 입장의 강점과 약점을 평가해 볼 수 있기에 신학적 노선을 정하는 데 도움을 줍니다.

**김관성** 。 헤르만 바빙크의《개혁교의학》을 추천합니다. 이 책은 기독교 정통주의 관점에서 성경의 우월성을 강조하는 동시에 철학, 과학, 인류학, 사회 담론 등을 포괄했기 때문에 조직신학적 기초를 형성하기에 좋습니다. 또 극단에 치우치지 않고 중용의 입장에서 누구나 공감할 만한 이야기로 구성되었다는 것도 장점입니다.

신학을 '질문하는 신앙'으로 정의하는 다니엘 L. 밀리오리의 《기독교 조직신학 개론》도 좋은 책입니다. 침례교 목사로서 근본적이고 보수적인 관점에서 신앙적인 이슈, 사회적인 이슈를 바라볼 때 답답함을 느끼곤 하는데, 이 책은 근본주의적이고 보수적인 관점을 보완해 주고 인식의 지평을 넓혀 목회자의 사고를 유연하게 해 줍니다.

> 교리는 어떤 방식으로 공부하는 것이 좋은가요? 가장 중요하게 생각하시는 교리는 무엇입니까?

**김관성** 。 창조론, 종말론 등 이슈가 되는 교리에 대해서는 확실한 지식과 체계를 갖추고 있어야 합니다. 창조론의 경우를 예로 들면, 창조와 관련한 조직신학적 이슈와 논쟁이 벌어지는 내용에 대해 알아야 합니다. 나아가 자신의 입장을 정하고 이를 설명할 수 있어야 합니다. 종말론에 대해서도 무천년설, 전천년설, 후천년설의 약점과 장점에 대해 알고 설명할 수 있어야 합니다. 이렇게만 해도 신학적으로 문제가 되거나 흔들릴 일은 없을 것입니다.

한편, 목회를 하면서 가장 중요하다고 느끼는 교리는 '그리스도의 의의 전가'입니다. 그리스도의 의의 전가에 대해 정리가 되어 있지 않고 설명을 못하면 구원을 설명하고 복음을 선포하는 데에도 어려움이 있기 때문입니다. 그런데 이 교리의 개념을 제대로 이해하거나 설명하는 신자, 이를 잘 가르치는 부사역자가 많지 않습니다.

**최병락** ◦ 조직신학은 하나의 질문에 답하기 위해 선제적으로 풀어야 하는 문제를 해결하면서 형성되었습니다. 인간을 이해하려면 인간의 죄성과 타락에 대해 풀어야 하고, 하나님이 타락한 인간을 어떻게 구원하시는지 물어야 합니다. 여기서 그리스도의 구원과 한 번 받은 구원의 영원성에 대해 고민하게 되고, 하나님의 주권으로 창조된 이 세상이 종말에는 어떻게 될 것인가에 대한 질문이 이어집니다. 조직신학은 이처럼 체계적 순서를 따라 공부해야 하는데 최대한 근원적인 것부터 배워야 한다고 생각합니다.

## 추천하는 교리문답과 그 이유를 말씀해 주세요.

**최병락** ◦ 많은 사람이 일반적으로 받아들일 수 있는 교리문답으로 칼뱅주의 신앙을 담은 웨스트민스터 신앙고백서, 침례교 신앙고백서인 런던 신앙고백서를 들 수 있습니다. 미국 남침례교단에서 나온 침례교 신앙고백(Baptist Faith & Message)의 경우 칼뱅주의, 복음주의를 아우른다는 점에서 목회자들이 숙지하면 좋다고 생각합니다.

**김관성** 。  침례교회는 성경 자체를 강조하기 때문에 교리문답이 없습니다. 침례교 목사로서 교리적인 지식을 강조하는 것이 약할 수밖에 없었습니다. 그러다가 교리 교육을 강조하는 교단을 이해하기 위해 웨스트민스터 신앙고백서, 하이델베르크 요리문답, 벨직 신앙고백 등을 연구하면서 신앙적인 이슈에 대해서 굉장히 체계적으로 정리했다는 것을 발견했습니다. 그 후 하이델베르크 요리문답과 웨스트민스터 신앙고백서에서 침례교단과 다른 교회론은 제외하고 교인들에게 가르쳤는데 굉장히 유익했습니다. 교인들이 신앙의 중요한 내용에 대해 성경적인 답을 찾고 쉽게 정리하는 것을 보았습니다.

**최병락** 。  미국에서 목회할 때 엄마들이 아이들을 무릎에 앉혀 놓고 소요리를 가르치는 것을 보았습니다. 하나님과 구원에 대해서 가르쳤는데, 이것이 신앙 교육에 큰 영향을 주었습니다. 하나님의 존재만으로 즐거워하고 하나님의 자녀로 선택받았다는 것을 영광스럽게 생각하게 됩니다. 이처럼 교육적인 면에서 교리문답이 중요한 역할을 한다고 생각합니다.

**김관성** 。 연세대 연합신학대학원에서 종교철학을 가르치는 정재현 교수의 《종교신학 강의》에 다음과 같은 내용이 있습니다. 불교 신자, 이슬람 신자, 기독교 신자를 모아 용어를 뺀 채 신에 대해 정의하라고 하면, 기독교와 기독교가 가장 많은 차이를 보인다고 합니다. 반면 기독교와 불교가 가장 비슷하다고 합니다. 우리가 믿는 하나님이 성경에서 말하는 하나님이 아니라는 것입니다. 구원의 확신에 대해 성경적인 답을 갖고 있지 않은 성도들이 많이 있습니다. 이런 차원에서 생각할 때 교리문답을 통해 성경이 말하는 바를 정확하게 가르치는 것은 필수적이라고 생각합니다.

> 삼위일체 교리를 성도들에게 설명하는 것이 쉽지 않습니다.
> 두 분은 어떻게 설명하시는지 소개해 주세요.

**최병락** 。 신학교에 다닐 때 삼위일체 교리에 대한 대답은 대개 "세 분이면서 한 분, 한 분이면서 세 분, 더 이상 묻지 마"였습니다. 그래서 달라스 신학교로 유학을 갔을 때, 이를 잘 정리하고 싶어 삼위일체 신학으로 유명한 라니어 번즈 교수의 수업을 들었습니다. 뭔가 다를 줄 알았는데 별반 차이가 없었습니다. 삼위일체 교리는 하나님의 신비이기에 설명할 수 없다는 내용이었습니다.

하지만 삼위일체 교리가 목회적으로 어떤 유익을 주는지를 설명할 수는 있습니다. 삼위일체 교리에서 가장 중요한 것은 하나 됨입니다. 요한복음 17장에 기록된 하나님과 예수 그리스도의 하나 됨, 성령을 보내시는 것에 대한 하나 됨입니다. 예수님이 침례 받고 올라오실 때도 성령이 비둘기 같이 내리고 하나님이 내 사랑하는 아들이라고 말씀하시는 연합적인 사역이 이뤄졌습니다.

이것이 교회가 추구해야 하는 하나 됨입니다. 성경을 보면 삼위 하나님은 스스로를 계시하지 않습니다. 성부 하나님은 성자와 성령의 영광을 드러내시고, 성자 예수님은 오직 하나님께 영광을 돌리며 성령을 드러내시고, 성령은 예수 그리스도를 주라 시인하게 하셔서 성부 하나님을 드러내십니다. 자신의 영광을 취하지 않으시고 서로에게 돌리는 것으로 하나 됨을 이루셨습니다. 이처럼 목사는 성도를 높이고, 성도는 목회자와 다른 성도의 얼굴이 빛이 나게 하는 하나 됨, 연합이 교회 안에서 재연된다면 하나님을 닮은 교회가 될 수 있다고 생각합니다.

**김관성** 。 이 질문을 미리 받고, 삼위일체 관련된 이슈가 나왔을 때 제가 성도들에게 어떻게 가르치는지 생각해 봤습니다. 설명하기에 앞서 먼저 삼위일체 교리를 깔끔하고 완벽하게 설명하면 이단이라고 말합니다. 신학교에 다닐 때 조직신학 첫 시간에 배운 것이 하나님의 불가해성입니다. 우리가 하나님을 완전하게 이해할 수 없다는 것입니다. 이것이 삼위일체 교리를 배우는 신자가 가져야 할 가장 중요한 자세입니다.

이어서 양태론적 삼위일체론, 삼신론적 삼위일체론과 같은 것들이 전통적인 가르침이 아님을 설명합니다. "집에서는 아버지, 교회에서는 목사, 아내에게는 남편"이라는 설명이 성경적인 삼위일체론이 아님을 가르칩니다.

그 다음, 신학사에서 최후의 교부로 일컫는 다마스쿠스의 성 요한의 가르침을 설명합니다. 성 요한은 삼위일체의 내적 관계를 '페리코레시스'라고 정의합니다. '페리'와 '코레시스'의 합성어인데, 페리는 '원', 코레시스는 '춤'이라는 뜻입니다. 같이 손을 잡고 원을 그리며 추는 춤, 즉 '윤무'라는 뜻입니다. 우리나라로 치면 강강술래입니다. 이를 통해 삼위일체란, 서로 경쟁하거나 억압하거나 지배하거나 침투하지 않으면서 완벽한 조화를 이뤄 하나 됨을 유지하는 것이라고 설명합니다.

구원에 대해 하나님의 전적인 은총을 강조하는 어거스틴, 루터, 칼뱅의 가르침이 성경적이라고 생각합니다. 그러나 웨슬리가 강조하는 것처럼 믿음에 대한 인간의 신앙적인 책임이 필요하다는 것도 성경의 가르침입니다. 이에 대해서는 어떻게 생각해야 할까요?

**최병락** 。 앞에서 언급한《한 번 받은 구원 영원한가》에서 온건 칼뱅주의를 설명하는 노만 가이슬러의 입장이나, 개혁주의적 아르미니우스주의를 설명하는 스티븐 애슈비의 입장을 온전히 구분하기는 쉽지 않습니다. 이들이 비교적 중도적인 입장이기 때문이기도 하지만 칭의와 성화의 책임이 이원화될 수 없기 때문입니다. 이는 웨슬리와 존 칼뱅의 글을 읽으면 더 확연해집니다.

　웨슬리는《존 웨슬리의 일기》에서 "우리를 구원으로 이끄는 믿음이 자기에게서 나오는 것이 아니고, 은혜다"라고 이야기합니다. 믿음에도 하나님의 은혜가 필요하다는 것입니다. 존 칼뱅의 글을 읽으면, 그가 '제한 속죄'라는 용어를 사용하지 않았다는 것을 알 수 있습니다. 칼뱅은 하나님 은혜에 대한 각 사람의 결정과 반응을 부정하지 않았습니다. 이를 통해 구원받은 자는 성화를 향해야 할 책임이 있고, 책임을 위해서는 하나님 은혜가 필요하다는 것을 배울 수 있습니다.

**김관성 。**  저는 전적인 은총을 강조하는 어거스틴이나 루터, 칼뱅의 입장에 서 있습니다. 그런데 종종 목사님들과 대화하다 보면 "전적인 은총을 강조하면 성도들의 삶이 따르지 않는다"는 이야기를 듣습니다. 그 이유는 성경을 잘못 가르쳤기 때문이라고 생각합니다. 하나님의 전적인 은총을 강조하는 신앙이 어떻게 삶을 자기 마음대로 살게 합니까? 개혁주의 구원론을 온전히 설명하면 방종하는 삶을 살 수 없습니다. 칭의와 성화가 동전의 양면임을 알게 되고, 이를 이원화해서 생각하지 않게 됩니다.

제대로 가르치고 설교했지만 성도들의 삶이 변화되지 않는다면, 예배당에 앉아 있는 60-70%의 청중이 예수님을 믿지 않는 이들일 가능성이 높습니다. 로이드 존스 목사님의 첫 목회지에서 사모님이 회심하는 일이 벌어지기도 하지 않았습니까. 남편의 설교를 들으면서 성경적인 입장에서 볼 때 자신이 신자가 아니었다는 점을 깨달은 것입니다. 성도들의 회심부터 다시 확인해야 합니다.

> 최근 교단의 신학적 정체성이 드러나지 않고, 교회마다 비슷한 모습을 보이는 현상이 나타납니다. 교회론, 목회 철학 등이 분명히 다른데 이에 대해 어떻게 생각하십니까?

**김관성 。**  교회 성장과 관련해서 이 문제를 생각해 봤습니다. 먼저 '나는 사람 모으는 데 전혀 관심이 없다'라고 생각하는 목사님들이 있습니다. 하지만 목회 현장에서 이 부분에 자유로울 수 있는 사람은 없습니다. 생명의 역사가 나타나는 현장에서는 당연히 예수님을 믿고 거듭나는 일이 생겨야 하고, 교회 성장이 자연스럽게 따르기 때문입니다.

반면 목회자의 신학적 소신을 도외시하고 교회를 성장시키는 일에만 관심을 갖는 것도 위험합니다. 말씀에 기초해 하나님을 가르치지 않고 사람을 불러 모으는 데만 집중하면 예수님을 믿지 않는 사람들로 구성된 교회를 만들 수 있기 때문입니다. 이는 한국 교회가 반드시 짚고 넘어가야 할 문제라고 생각합니다.

**최병락**。 교회 일치 운동이라는 측면에서 볼 때, 긍정적인 부분이 있다고 생각합니다. 각 교단이 교회의 하나 됨을 위해 신학적 장벽을 넘어 대화를 시도하고 연합하는 일이 필요하기 때문입니다. 또한 장로교 목사님이 감리교회에 가서 설교하고, 침례교 목사님이 장로교회에 가서 설교하는 강단 교류가 일어나는 것도 고무적이라고 생각합니다. 이런 측면에서 자신의 신학적 정체성을 지나치게 강조하지 않는 것이 좋다고 생각합니다.

물론 이를 위해서 모든 수단과 방법을 동원해야 한다고 말씀드리는 것은 아닙니다. 신학적 정체성을 포기하지 않으면서 타 교파와 대화를 가로막을 정도의 공격적 논쟁은 지양하자는 것입니다.

**김관성** 。　종파 간, 교파 간 일치의 화합을 위해서라도 자신의 신학적 정체성을 분명히 해야 한다고 생각합니다. 교리적으로 동의할 수 없는 내용을 수용하는 것은 경계해야 합니다. 그렇지 않으면 이상한 교리가 나오고, 이로 말미암아 더 큰 문제가 발생하기 때문입니다.

> 무신론, 진화론 등에 의해 창조론이 위협받고 있습니다. 창조론은 어떻게 변증해야 할까요?

**김관성** 。　창조론을 강조한다고 이미 과학적으로 입증되었고 분명하게 드러난 사항조차 인정하지 않는 것은 문제가 있습니다. 진화론자들이 주장하는 내용이 무엇인지 연구하고 수용할 수 있는 영역과 수용할 수 없는 영역을 정확하게 파악해 우리 입장을 가질 필요가 있다고 생각합니다. 그래야 "하나님이 세상을 만드셨다"고 하는 포기할 수 없는 주장을 전개함에 있어 효과적으로 변증할 수 있다고 생각합니다.

**최병락** 。　일반적으로 진화론은 과학이고 창조론은 가설이라고 생각합니다. 하지만 이는 사실이 아닙니다. 창조론처럼 진화론도 과학적 입증이 필요한 하나의 가설입니다. 우리가 창조를 믿는 것처럼 진화론자들은 진화를 믿는 것입니다.

그런데 사람들에게 유독 창조론이 신화적인 것으로 취급되는 이유는 창조론을 주장하는 자들의 이해가 너무 편협하기 때문입니다. 특정 이론에 동의하지 않으면 이단으로 생각하여 사고의 풍성함을 제한하기 때문입니다. 진화론적인 창조를 수용해 신론에 치명적인 사고를 가져서는 안 되지만 적어도 진화론적인 수업을 받는 아이들이 이해하고 수용할 수 있는 창조론이 필요하다고 생각합니다.

**김관성** 。   진화와 진화론의 개념을 구별해야 합니다. 보수주의 신학자인 벤자민 워필드도 창조 안에 진화적 요소가 있다는 것은 인정합니다. 개혁주의 신학에도 세상과 소통할 수 있는 대화의 접점이 충분히 있다는 것입니다. 그러므로 진화라는 용어만 나오면 무조건 거부해 버리는 방식으로 고립되지 말고 우리가 믿는 바를 좀 더 우아하게 주장할 필요가 있다고 생각합니다.

> 이단들에 의해 종말론이 크게 훼손되었습니다. 요한계시록을 강해하는 것조차 조심스러워하는 분위기가 형성되기도 합니다. 성경적 종말론, 어떻게 회복해야 할까요?

**최병락** 。   한국 교회 종말론의 문제는 요한계시록의 상징을 현실에 끼워 맞추는 무리한 해석입니다. 쓰나미, 지진, 전쟁이 역사 속에서 반복적으로 나타났던 현상임을 기억할 때 종말에만 일어나는 현상이라고 볼 수 없습니다. 그런데도 이러한 일들이 있을 때마다 종말에 일어날 징조라고 해석해 위기감을 조성하는 것은 위험합니다.

반면 "이 천국 복음이 모든 민족에게 증언되기 위하여 온 세상에 전파되리니 그제야 끝이 오리라"(마 24:14)라는 말씀을 따라 모든 민족에게 복음을 전하는 건전한 선교 운동이 필요합니다. 그래서 현실 도피적 신앙을 만드는 것이 아니라 성경적인 종말론으로 사명을 감당하는 것이 무엇보다 필요합니다.

**김관성** 。 이슈나 관심에 따라 하나님 말씀을 인위적으로 적용하는 것을 경계해야 합니다. 요한계시록에는 미래가 어떻게 될 것인지라든가 앞으로 어떤 일이 전개될 것인지에 대한 정보들은 거의 없습니다. 오히려 험난한 세상 속에서 성도들이 어떻게 인내하며 믿음을 지켜야 하는지를 강조합니다.

그럼에도 불구하고 천년왕국, 7년 대환란 등 계시록의 용어들을 상상력을 동원해서 곡해하는 일이 많이 있습니다. 이를 방지하고 성경적 종말론을 회복하려면 차분히 말씀에 집중해야 합니다. 그러면 요한계시록이 강의하기 어려운 책도 아니고, 별다른 책도 아니라는 사실을 알게 됩니다.

## 마지막으로 주제와 관련해 후배 목회자들에게 당부하실 말씀이 있다면 무엇일까요?

**김관성** ◦  조직신학적 글쓰기를 하면 좋을 것 같습니다. 사람의 지식은 글을 써야 드러납니다. 구원, 예수 그리스도, 인간 등 조직신학적 주제에 대해 자기 언어로 풀어내는 습관을 가지면 자신이 믿고 있는 바를 확실하게 주장하는 데 아주 효과적으로 작용합니다. 특히 설교에서 위력을 발휘합니다.

**최병락** ◦  자신의 신학적 노선을 정하기 전에 다양한 관점들을 충분히 공부하기 바랍니다. 그 과정에서 자기에게 맞는 신학이 정해지면 이를 가장 잘 표현하는 신학자를 찾으십시오. 제 경우에는 미국의 복음주의 신학자인 웨인 그루뎀의 신학이 잘 맞았습니다. 그래서 그의 저서와 관련 서적들을 읽으며 조직신학적인 틀을 가지게 됐습니다. 이런 과정을 통해 조직신학적 체계를 잡는 것도 좋은 방법입니다.

# 설교

이 대담은 월간 <목회와 신학> 2021년 3월호 "김대혁 교수의 설교 갤러리"에
소개된 대화를 매체와 진행자의 허락을 받아 편집한 것임을 밝힙니다.

## 각자에게 영향을 준 설교자나 책이 있다면 말씀해 주세요.

**김관성 .** 저는 두 분을 꼽을 수 있습니다. 한 분은 남포교회에서 목회하시고 은퇴하신 박영선 목사님, 다른 한 분은 존 파이퍼 목사님입니다. 과거 기복주의적이고 율법주의적인 신앙이 한국 교회를 지배하던 시절에, 이 두 분은 저를 그런 신앙에서 좀 자유롭게 하셨습니다. 나의 열심과 노력, 준비, 내가 만들어 낸 어떤 결과들로 내 인생이 판가름 나지 않는다는 사실을 심어 주셨지요.

특히 박영선 목사님을 통해 하나님의 주권과 인간의 전적 타락이라는 두 가지 큰 축을 중심으로 하나님의 말씀을 어떻게 풀어 설명하는지를 배웠습니다. 사람과 인생이 무엇인지, 즉 죄 가운데 허무하게 죽을 수밖에 없는 존재라는 사실을 깊이 깨닫고, 더불어 이런 인간을 복음으로 따뜻하게 품어 내시는 하나님의 손길을 설교에 담는 감각을 많이 배웠던 것 같습니다.

침례교 목사면서 칼뱅주의 구원론을 지닌 존 파이퍼 목사님은 목회와 설교에서 제가 서 있어야 할 위치를 등불처럼 비춰 주신 분입니다. 설교에서 본문 말씀을 철저하게 주해하고 풀어 가는 부분에 영향을 많이 받았던 것 같아요. 특별히 스스로의 인생을 굉장히 자책하며 걸어온 저에게 그분의 책, 《하나님을 기뻐하라》에 나오는 "우리가 하나님 그분을 가장 만족해할 때, 하나님 그분은 우리 안에서 가장 큰 영광을 받으신다"라는 대목이 성공과 성취, 사람들의 인정을 넘어서 일하시는 하나님을 이해하고 경험하게 했습니다.

**최병락** ◦  특별히 영향받은 한 사람보다는 수많은 분이 제게 영향을 주었습니다. 아마 우리 때는 박영선 목사님께 영향 받지 않은 사람은 없을 것 같아요. 박영선 목사님을 소개한 친구도 김관성 목사님이고요.《하나님의 열심》,《구원 그 즉각성과 점진성》 등과 같은 책들을 보면서 매료되었지요. 인간의 위대함이 아닌 하나님의 주권과 그분의 일하심이 아무것도 가진 것 없는 집안에서 자란 저희에게는 얼마나 큰 위로였는지 모릅니다.

또한 우리 때에 공통으로 영향을 주신 설교자가 있습니다. 마틴 로이드 존스 목사님입니다. 당시 김관성 목사님과 기숙사에서 로이드 존스 목사님의 로마서와 에베소서 강해집을 누가 빨리 읽느냐로 내기를 할 정도였으니까요. 에베소서 같은 경우 7권을 일주일 만에 다 읽었어요. 그분의 산상수훈 설교집은 정말 큰 산을 올랐다가 내려오는 느낌을 주었습니다.

미국 유학 가서는 존 맥아더, 제임스 몽고메리 보이스 같은 목사님들의 설교를 라디오를 통해 들었습니다. 하루에 몇 시간 청소 아르바이트를 하면서 이어폰을 꽂고 들으니 영향을 안 받을 수가 없었지요. 그리고 제가 댈러스에서 목회하고 있을 때, 설교자로서 영향을 많이 주셨던 분은 토니 에반스 목사님입니다. 이분은 정말 깊이 있게 강해하면서, 생생한 예화와 적용이 특히 매우 뛰어나 매료되었습니다.

> **각자 설교 세계를 펼쳐 오시면서 어떤 발전이나 변화가 있었는지 궁금합니다.**

**최병락 。** 미국에서 세미한교회를 개척하고 하나님의 주권에 대한 확신으로 설교를 끌어갈 때가 많았습니다. 다양한 주제를 다루었지만, 하나님의 주권이 해석의 안경이자 설교의 프레임이 되었습니다. 그래서 본문을 가지고 "세상 사람들 누가 뭐라 그래도 하나님이 우리와 함께하시고 우리를 지키시고 우리를 보호하신다"는 주제의 설교를 2-3년 한 것 같습니다. 한번은 성도님이 오셔서 "목사님, 우리의 신분, 구원받은 자인 건 너무 잘 알겠는데, 구원받은 자로 어떻게 사는지도 좀 가르쳐 주세요"라고 하는 겁니다. 뒤통수를 맞은 듯했습니다. 그래서 그때부터 강해하고 난 뒤에는 어떻게 사는지에 관한 실제적인 적용도 많이 하게 되었습니다.

목회 19년 동안 제 설교에 관해서는 거의 말을 하지 않던 아내가 목회 초기에 저에게 한 조언이 기억납니다. 제 설교가 굉장히 논리적이고 처음부터 끝까지 몰입하도록 하는데, 가슴이 뜨겁지 않다는 겁니다. 특별히 이민 사회에서 살아가는 성도들은 가슴이 뜨거워지지 않고는 일주일을 살지 못한다며 제 설교에 소위 불이 임하면 좋겠다고 말했습니다. 기분이 굉장히 안 좋았지만 기도 중에 인정할 수밖에 없었습니다. 조지 휫필드는 설교를 '천둥과 번개'라고 했는데, 제 설교에 천둥 번개가 없었습니다. 그 일이 제 설교에서 하나의 중요한 변곡점이 되었어요.

**김관성** 。  하나님 말씀은 한 설교자의 성장과 삶의 경험을 통과해서 전달되는 것입니다. 저의 성장과 경험을 통과한 설교는 굉장히 당위적인 메시지가 강했습니다. "하나님께서 이렇게 말씀하셨는데 왜 그것밖에 못 사냐"라는 식이었지요. 성경에 그런 말들이 다 있고, 사람들도 동의는 하는데, 중요한 것은 삶이 달라지지 않는 것이었습니다. 성도들이 제 설교에 관해 어떤 말은 하지 않지만, 가만 보니까 "목사님도 그렇게 살지 못하면서"라고 하는 것 같았습니다. 즉 바른 말씀이지만 생명력 없는 설교의 한계에 직면하게 되었지요. 당시 성도들 사이에 갈등과 싸움을 생각하면, 목사의 메시지는 교회의 영적 분위기를 형성하는 데 결정적인 영향을 미치는 게 분명한 것 같습니다.
  여러 시도와 고민 가운데, 제 설교의 변곡점은 문학 서적을 읽으면서 생긴 것 같습니다. 문학 서적을 읽으면서 좋았던 것은 한 사람의 인생을 이해하는 깊이나 넓이가 달라진다는 점입니다. 굉장히 아픈 이야기지만 따뜻하게 다가오는 책들도 있습니다. 그러면서 사람이 변하는 것은 입바른 소리가 귀에 닿았을 때가 아니라, 마음이 녹을 때라는 사실을 깨달았습니다. 제 설교에 따뜻함이 입혀지기 시작했다고 할 수 있을 것 같아요. 다시금 저의 성장 배경과 경험과 인생을 뒤돌아보니까 이런 설교를 할 수 있도록 하나님께서 담아 주신 사람들을 향한 정과 연민, 눈물들이 있더라고요. 당위적인 메시지를 외치기보다 성도의 삶의 실존을 이해하는 방향으로 설교가 변해 갔던 것 같습니다.

한번은 제가 성도들에게 "여러분, 하나님은 어차피 우리를 잘 안 도와주시니까 우리끼리라도 서로 사랑하며 살아야 합니다"라고 한 적이 있어요. 성도들이 이 말을 듣고 웃으며 이 부분이 참 좋았대요. 그런데 웃기려고 한 말이 아니었습니다. 제 삶과 목회 현장에서 있었던 하나님에 대한 경험에서 나온 말이었습니다. 제 진심이었습니다. 이처럼 제 설교 전반에서 삶에 부어 주시는 하나님의 은혜에 대한 강조가 없었어요. 반면, 저와 달리 하나님께 기도하니 응답받고 현실에서 더 나은 삶을 살아가는 사람들도 분명히 있었습니다. 저는 그에 대해 '저런 식으로 지어내서 이야기하네'라고 생각하며 분노가 있었습니다. 그런데 시간이 지나서 지금은 '아! 하나님, 참 크시구나!'라는 생각을 합니다.

어떤 인생은 성공하고 잘되어서 좋으신 하나님을 노래하고 간증합니다. 하지만 어떤 인생은 눈물 흘리고 한숨 쉬고 기도하면서 그리스도와 함께 통과하는 인생을 살아가지요. 그런 인생은 비교적 형통하고 성공한 사람의 눈에는 보이지 않는 하나님의 마음을 깊이 노래하는 자리로 부름을 받는 것입니다. 이런 것들이 깨달아지면서 요즘은 예수 믿고 잘 된 사람들 간증 들으면 흐뭇하고 좋아요. '하나님께서 저 사람 인생에 저렇게 은혜를 주셨구나!' 하고 진심으로 인정이 됩니다. 이것도 변화라면 변화입니다.

## 두 분은 설교의 궁극적인 목적이 무엇이라고 생각하십니까?

**최병락** 。  언제부터인지 저는 설교를 준비하며 로이드 존스 목사님 후임으로 오신 R. T. 켄달 목사님이 나누신 설교의 5가지 기준의 전치사를 떠올려 봅니다. Preaching down 해서 사람을 무시하지는 않았는지, Preaching up 해서 사람을 의식하지는 않았는지, Preaching at 해서 특정인에게 설교하지 않았는지, Preaching for 해서 성도의 구미에만 맞추지는 않았는지 살펴봅니다. 그리고 켄달 목사님이 최고의 설교로 여긴 Preaching to를 제대로 해서 말씀을 가감 없이 담백하게 성도를 향해서 설교했는지를 확인합니다.

저의 목회와 설교의 궁극적인 목적은 갈라디아서 4장 19절 말씀에 둡니다. 저는 우리 성도가 그리스도인이 되고 그리스도의 형상에까지 자라나도록 해산하는 수고와 더불어 비록 제자리걸음을 하며 잘 자라지 않아 보여도 포기하지 않고 계속해서 물을 주는 수고를 아끼지 않는 부모와 같은 설교자요 목회자가 되길 바랍니다.

**김관성** 。 주일날 교회를 찾아오는 성도들이 말씀과 설교에 대한 깊은 생각을 하고 오지는 않는 것 같습니다. 영적인 상태를 보면 집에 빨리 가려고 오는 사람이 더 많아 보입니다. 그래서 저는 생각 없이 기대 없이 앉아 있는 사람들에게 나도 하나님의 말씀에 기록된 대로 영광스럽게 살아보고 싶다는 갈망을 일으키게 하는 것이 설교의 궁극적인 목적이 아닐까 생각합니다.

> 설교 실제에 관해 여쭙고 싶어요. 먼저 김관성 목사님은 동역자와 함께 설교를 작성하시는 것으로 압니다. 여기에 대해 말씀해 주시고, 설교 작성에서 강조하는 바도 말씀해 주세요.

**김관성** 。 행신침례교회에 있을 때 교회를 개척하고 단기간에 부흥 성장하는 과정에 있다 보니 예배를 1, 2부로 나누게 되었습니다. 자책과 자기 검열이 강한 편인 저는 주일날 두 번의 설교를 똑같은 마음으로 하지 못할 것 같았습니다. 자칫 1부는 연습이 되고, 2부는 보여 주기 식의 설교가 될 것 같아 고민했습니다. 그러다가 부목사님과 1부와 2부를 나누어 설교하기로 했습니다. 하지만 주일날 성도들이 전달받는 메시지가 다르면 안 될 것 같았습니다. 서울말을 구사하는 부목사님이 저보다 더 설교 잘한다는 소리를 들으면 안 될 것 같기도 했고요. 그래서 설교를 같이 준비하게 되었습니다. 주일날 설교하고 집으로 돌아가면, 제가 다음 설교할 본문을 가지고 밤을 새다시피 해서 설교 개요를 작성합니다. 이 개요를 화요일 교회에 오자마자 부목사님께 전하면, 부목사님이 그것을 가지고 수요일까지 초고를 씁니다. 거기에 제가 뺄 거 빼고 넣을 것을 넣어 수정합니다. 그 수정본으로 부목사님은 자신의 통찰을 담은 원고를 금요일까지 씁니다. 저는 그것을 가지고 예화도 넣고 표현을 수정해서 토요일 점심까지 원고 작성을 끝냅니다.

이렇게 1부 예배는 교회 가족들이 순한 맛 서울말 설교를 듣고, 2부에서는 매운맛 사투리 설교를 들었던 적이 있습니다. 분명 혼자 준비하는 것보다 훨씬 더 힘들었습니다. 제가 주도해서 한다고는 하지만 부목사님의 마음을 담은 통찰을 무시하기도 쉽지 않았지요. 하지만 유익도 많았습니다. 제가 보지 못한 부분들도 잡아내고 한 사람의 머릿속에서 쏟아져 나오는 내용보다 같이 의논하면서 함께 만들어가는 원고가 탄탄한 면이 있었습니다.

여러 설교를 듣다 보면 열정은 참 좋은데, 주제를 잃어버리고 산만하게 진행되는 설교가 의외로 많습니다. 처음부터 저는 그런

식으로 설교가 흘러가는 것에 대한 두려움이 많아서 논리성을 붙들려고 했습니다. 본문 말씀이 이야기하고자 하는 내용을 처음부터 끝까지 초지일관으로, 주제와 예화도 관통해서 밀고 가는 것에 신경을 많이 씁니다. 하지만 앞서 말씀드렸듯이, 아무리 이런 것을 잘해도 성도들의 삶이 달라지지 않습니다. 심지어 전하는 제 삶도 별로 달라지지 않더라고요. 결국 메시지에는 감동과 감화력이 있어야 하는 것 같습니다. 특히 한국 분들의 정서적 특징은 바른 이야기를 들었을 때가 아닌 감동이 있을 때 삶이 움직이는 것 같아요. 논리만 강조하면 건조해지는 문제가 있기에, 설교 후반에 와서는 반드시 이런 내용을 근거로 성도들의 마음에 울림을 줄 수 있는 전달을 해야겠다는 생각을 설교할 때마다 합니다.

> 최 목사님은 주로 연속 강해설교를 하시는데 어떻게 준비하시는지 알려 주세요.

**최병락** ◦ 저는 본문 결정이 어렵더라고요. 성경을 동원해서 하고 싶은 말을 성도들에게 하는 유혹도 매우 크지요. 무엇보다 이곳저곳에서 본문을 정해 설교하다 보니, 성도들 영혼 안에 하나님 말씀이 차곡차곡 쌓여 간다는 느낌이 없었습니다. 그래서 주일 강단에서 연속으로 책을 탄탄하게 주해해서 전하면 하나님의 말씀이 성도들 안에 쌓이지 않을까 생각했습니다. 더불어 성도들이 성경을 꼼꼼히 읽도록 만드는 효과도 있어서 큰 방향을 이렇게 잡았습니다.

한편 저는 기본적으로 모든 설교는 강해 설교여야 하지만 스타일은 자유로워야 한다고 봅니다. 그래서 한 책에 대한 연속 강해를 하고, 다음 책을 준비할 때까지는 주제별 시리즈 설교를 8-12주 정도 합니다. 예를 들면, 예배 시리즈, 자라나라 시리즈, 교회는 무엇인가 시리즈 등 특정한 목적을 가진 주제 설교를 합니다. 이렇게 연속 강해 설교와 주제 설교를 교차해서 활용합니다.

장기적 설교 계획은 세우지만, 설교는 그 주간에 준비합니다. 목회 현장과 상황이 매주 급격하게 바뀌는 가운데, 말씀의 현장성을 지키기 위한 것이지요. 따라서 저는 주일 사역을 마치고 설교 준비를 시작합니다. 그때가 가장 자유로워서 그런지 머리에 영감이 많이 떠오릅니다. 정해진 본문과 떠오른 영감을 월요일까지는 머릿속으로 준비하고 있다가 화요일 새벽기도를 시작해서 거의 예외 없이 그날 10장 내외의 설교 원고를 작성합니다. 그리고 그것을 토요일까지 7-8장으로 줄입니다. 이 과정에서 원고를 수십 번 보게 되는 것이지요. 결국 주일에 원고를 들고 설교단에 오르지만, 거의 숙지된 상태라 원고에서 자유롭게 설교하는 편입니다.

사실 설교는 회중의 삶의 현장과 떼려야 뗄 수 없는 것 같습니다. 그래서 미국에서 설교할 때와 한국에서 설교할 때가 다릅니다. 미국 이민 교회 설교는 절박함에서 나옵니다. 불법 체류자로 지내거나 작은 가게에서 근근이 일하시는 분들에게 아무리 주해를 잘해도 현장성 있는 적용이 없어서는 안 될 것 같았습니다. 그래서 오늘 이곳으로 도망을 다녀도, 도넛 밀가루를 손에 쥐고 천장을 보면서도 하나님의 살아 계심을 기억할 수 있도록 그들의 손에 적용을 꼭 쥐어 주어야 한다는 절박함이 있었습니다.

지금 한국에서 섬기는 교회에는 신앙의 연륜이 깊으신 분들이 많습니다. 젊은 시절에는 "지금까지 이 본문을 이렇게 생각해 왔지만 사실 이 본문은 이런 뜻입니다"라고 하는 뒤통수를 치는 설교, 소위 사이다 설교가 좋은 설교인 줄 알았습니다. 그러나 철이 들면서 다른 목회자들을 존중하고 존경하게 되었어요. 즉 가장 좋은 설교는 가장 평범한 설교를 성도들에게 특별하게 잘 들리도록 하는 것입니다. 신약성경도 누구나 알아들을 수 있는 코이네 헬라어고, 사도의 편지도 처음 읽거나 들을 때 가장 이해하기 쉽게 기록했겠지요. 지금은 가장 평범한 설교가 가장 좋은 설교이며, 그것을 성도들에게 특별하게 들릴 수 있는 능력을 습득하도록 노력하고 있습니다.

> **두 분의 원고 작성과 전달법에 대해서도 구체적으로 말씀해 주세요.**

**김관성** 。   설교 초창기에는 원고를 보지 않고 설교해야 한다는 강박관념이 있었습니다. 그렇게 해야 잘 전달되고 설교 잘한다는 말도 듣기 쉽다고 생각했지요. 하지만 설교를 하면 할수록 설교 자로서의 하나님의 말씀을 되도록 정확하게 전달해야 한다는 책임감이 점점 커졌습니다. 원고 없이 준비되지 않는 상태에서 즉흥적이고 감정적으로 설교할 것 같은, 또한 내가 평소 사용하는 언어 습관으로 인해 하나님 말씀을 왜곡시킬 것 같은 두려움이 나이를 먹을수록 커졌습니다. 그래서 저의 설교를 계속 듣는 우리 교회 성도들에게는 정확한 말씀을 전달하고자 원고를 아주 철저하게 씁니다. 되도록 주해에서 마지막 적용에 들어가기 전까지는 철저하게 원고에 매여서 정확한 이야기를 하려고 애를 쓰는 편입니다. 마치 설교를 덜 준비해서 원고에 매이는 것처럼 보일 수 있다는 마음조차도 버려야 할 것 같더라고요.

외부 초청을 받았을 때는 원고 없이 합니다. 그래서 제가 외부 설교 스타일과 교회에서 주일 설교할 때의 스타일이 완전 다릅니다. 그건 제가 의도한 바입니다.

**최병락** 。 저도 100% 원고에 의지하는 설교입니다. 준비 과정이 다 기도인 것이지요. 20년 동안 원고 없이 한 적은 몇 번 안 될 겁니다. 금요일은 10장, 주일은 7-8장을 고수합니다. 특히 주일 설교 같은 경우는 당일 아침까지도 조사 하나마저 신경을 써서 바꿉니다. 주어, 동사, 반복된 단어 수정과 교체, 점층법과 강조법

등 마지막까지 수정하지요. 원고는 100% 쓰는데 그렇다고 암기하지는 않아요. 그럴 필요가 없는 이유는 화요일부터 만들다 보니 머리에 완전히 들어와 있기 때문입니다. 원고를 철저히 준비하면 나중에 책으로 출판해도 되겠다고 생각하시는 분들이 있습니다. 하지만 저는 원고를 저술을 목적으로 쓴 적은 없습니다. 지금까지 몇 권의 책이 나왔는데, 모두 책을 위해서 쓴 것들입니다.

책과 달리 설교는 불특정 다수를 향한 것이 아니라, 오직 주일날 앉아 있는 우리 교회 성도를 향한 것입니다. 설교자나 회중 모두에게 데살로니가전서 2장 13절 말씀의 교훈이 매우 중요하다고 생각합니다. 설교를 사람의 말이 아닌 하나님의 말씀으로 받아야 합니다.

사실 같은 설교를 여러 번 하다 보면 내가 연기자인가 하는 생각이 들 때가 있습니다. 항상 첫 번째 설교 때는 제 설교를 들으면서 제가 먼저 은혜를 받습니다. 그런데 두 번째 설교부터는 마음이 불편할 때가 있어요. 그래서 설교단에 올라가기 전에 마음을 새롭게 해 달라고 기도합니다. 여러 번 설교하는 익숙함으로 처음 듣는 분들의 신선함을 방해하지 않도록 해 달라는 것입니다. 어떻게 들리실지 모르지만, 예수님이 이 자리에 오셔서 설교하는 모습을 머릿속에 그려 봅니다. 그러면서 저는 서 있을 테니 주님께서 하시고 싶은 말씀을 전하는 그 마음을 달라고 기도합니다.

## 설교란 무엇일까요? 그리고 다독가로서 다른 설교자들에게 추천해 주실 책이 있다면?

**최병락** 。 책 추천과 함께 설교에 관해 말씀드리는 것이 좋겠습니다. 사실 저에게 가장 큰 영향을 준 설교 책은 설교자들의 저서가 아니라, 아브라함 요수아 헤셸이라는 유대인 신학자가 쓴 《예언자》입니다. 구약의 예언자들이 하나님의 신탁을 받아 역사 속에서 어떻게 역사적 책임을 다했고, 어떤 파토스를 전했는지를 보여 주는 책으로, 제게는 큰 충격을 주었습니다. 그는 "학문은 조용한 서재에서 시작되어 시끄러운 광장에서 완성된다"라고 했는데, 저에게 설교가 꼭 그런 것 같습니다. 조용한 서재에서 준비해 시끄러운 강대상 위에서 완성되는 것이지요. 철저한 설교 준비와 성도의 삶의 현장이 균형되게 말씀을 전해야 하겠지요.

정말 설교자는 하나님을 잘 알아야 하지만, 사람에 대해서, 사람의 본성에 대해서 잘 알아야 합니다. 이런 측면에서 랭던 길키의 《산둥 수용소》, 빅터 프랭클의 《죽음의 수용소에서》 같은 책들은 설교에 많은 통찰력을 주는 것 같습니다. 또한 간디와 가장 대척점에 있었던 불가촉천민 출신인 암베드 카르에 관한 책은 비록 종교는 다르지만 한 명의 영적 지도자의 영향력과 리더십에 대해 설교자인 저한테 굉장히 울림을 주었습니다.

**김관성** 。 저는 설교란 하나님 편을 드는 혼을 담은 설득과 권면이라고 생각합니다. 이런 설교자의 자리로 가기 위해 설교자들이 봤으면 하는 책은 유진 피터슨의《유진 피터슨》, 달라스 윌라드의《달라스 윌라드, 사랑》, 본회퍼의《나를 따르라》,《신자의 공동생활》과 같은 책들입니다. 특히《신자의 공동생활》은 목양하면서 다시 읽으니까 훨씬 좋았습니다.

일반 서적은 이은성 씨가 쓴《소설 동의보감》, 비굴하게 사는 사무라이지만 가족들에 대한 뜨거운 사랑을 신실하게 감당하는 이야기인 아사다 지로의《칼에 지다》, 빈곤으로 무너져 가는 가족 속에서 일어선 청년의 성장기를 다룬《힐빌리의 노래》라는 책도 좋았습니다. 저의 삶과 공명하는 것 같았어요. 이런 책들을 소개하는 이유는 설교자가 하나님이 누구신지에 대한 지식도 키워야 하지만, 자신이 누군지를 알고 '하나님이 나를 이런 일을 하라고 부르셨구나', '이 메시지 외치라고 나를 부르셨구나'라는 점을 발견하면 좋을 것 같기 때문입니다. 결국 누구를 흉내 내지 말고 자신의 색깔을 가진 설교자로 살아가는 게 중요한 것 같습니다.

## 후배 설교자에게 조언한다면?

**김관성** 。 요즘 후배들의 설교는 내용 전달 측면에서 모두 우리보다 훨씬 뛰어납니다. 다만 아쉬운 점은 하나님 말씀에 대한 확신과 열정보다는 설교가 인문학처럼 되어서 어떤 통찰을 가지고 본문을 헤집고 다니는 느낌이 들 때가 많습니다. 오히려 책을 좀 끊고 기도하고 하나님의 은혜를 실질적으로 맛보는 자리로 돌아가라고 이야기하고 싶습니다. 거기에서 오는 힘이 저나 우리 후배들에게 아주 필요한 것 같습니다.

**최병락 。**　김 목사님은 책은 많이 읽는데 기도하지 않는다는 후배들을 향한 마음을 말씀하셨는데, 저는 조금 반대로 접근해 보고자 합니다. 책을 읽는 일에 게으르고 너무 쉽게 정보에 접근할 수 있어서 그런지 오히려 인문학적 사고가 낮지는 않은지 생각합니다. 물론 설교가 인문학으로 빠지면 안 되지만, 인문학 전체를 성경 속에 녹여내는 데까지 가기 위해서 주석서를 넘어 다양한 분야의 책을 읽어야 합니다. 손쉽게 자료에 접근해서 쉽게 준비하는 설교가 되지 않으면 좋겠어요.

　기형도 시인의 "우리 동네 목사님"에 나오는 "성경에 밑줄을 긋지 말고 삶에 밑줄을 그어라"라는 말이 저한테는 큰 의미로 다가옵니다. 우리 후배들은 성경적 진리와 인문학적 소양을 완전히 잘 소화시켜 모든 사상을 하나님의 말씀 아래에 두는 것을 보여 주는 탁월한 설교자들이 되면 좋겠습니다.

# 4장

# 목회자의 현장

# 부사역자

## 부사역자로 사역할 교회를 정할 때, 어떤 기준을 세워야 할까요?

**최병락** ◦  무엇보다 담임목사가 중요합니다. 담임목사를 가까이에서 섬기다 보면 좋으면 좋은 대로, 나쁘면 나쁜 대로 닮기 마련입니다. 그러므로 배울 수 있고, 존경할 수 있는 담임목사를 만나야 합니다.

또한 인격적인 대우를 받을 수 있는가도 중요합니다. 부사역자를 일꾼으로 보고, 하대하는 문화가 있는 교회는 피하는 것이 좋습니다. 교회 내의 이런 문화는 지양해야 합니다.

**김관성** ◦  첫째, 사례비가 중요합니다. 물론 부사역자가 재물을 탐하는 마음을 갖는 것은 문제가 있지만 가정의 경제 상황을 고려해 사역할 교회를 정하는 것은 생각보다 중요한 문제입니다. 기쁜 마음으로 사역하려면 생존의 위협을 느껴서는 안 되기 때문입니다. 한편, 너무 박하게 대우하면서 신학생, 부사역자들이 어려운 곳을 가지 않으려 한다고 질책하는 것은 문제가 있습니다. 목회자를 존중하는 마음으로 사례비를 책정하는 교회 문화가 필요합니다.

둘째, 다양한 사역을 경험할 수 있는 것도 중요합니다. 가급적이면 유치부에서부터 장로회, 권사회까지 다양한 사역을 경험하는 것이 좋습니다. 한 번이라도 스쳐가면서 경험해 본 것들이 담임목사가 됐을 때 큰 유익이 되기 때문입니다.

셋째, 양지바른 곳이 아니라 맨땅에 헤딩할 수 있는 사역지인가도 중요합니다. 고향에서 사역할 때 3년 동안 컨테이너에서 지내면서 예배당을 건축한 적이 있습니다. 그때 교회가 그냥 세워지는 것이 아니라는 것을 알게 됐고, 교회가 얼마나 소중한지 깨닫게 됐습니다. 이러한 경험이 사역에 큰 자양분이 됐습니다.

> 부사역자들이 교회 일을 하느라 성경 읽기, 독서와 묵상, 설교 준비 등을 위한 시간을 내기가 쉽지 않습니다. 부사역자의 시간 관리와 영성 관리에 대해 이야기해 주세요.

**김관성** ◦ 새벽기도회부터 시작해서 떠밀려 오는 일들을 하다 보면, 성경 한 장 읽기가 쉽지 않은 것이 부사역자의 현실입니다. 이런 상황 속에서 시간 관리와 영성 관리를 한다는 것은 어불성설입니다.

부사역자가 자신의 영성을 위해 독서와 기도가 불가능할 정도로 사역하게 하는 것은 폭력이고, 주님의 몸 된 교회를 망치는 일입니다. 그러므로 교회가 부사역자에게 영성 관리를 할 수 있는 시간을 제공해야 합니다.

**최병락** 。 부사역자 시절, 영성 관리를 위한 시간을 배려해 주는 교회를 만나는 것이 쉽지만은 않습니다. 그렇기에 부사역자 스스로 영성을 위한 시간을 확보해야 합니다. "세월을 아끼라"(엡 5:16)는 말씀은 모든 시간을 효율적으로 사용하라는 말씀입니다. 시간을 버리지 말고 아끼는 지혜가 필요합니다. SNS나 유튜브를 보는 것처럼 습관적으로 흘려보내는 시간을 줄이고 영성을 위해 시간을 사용해야 합니다.

> 부사역자의 영성을 개발하고, 목회 역량을 강화하기 위해 추천하고 싶은 세미나 혹은 프로그램이 있다면 소개해 주세요.

**최병락** 。 목회 트렌드를 반영하는 세미나보다는 설교 세미나에 참여할 것을 권합니다. 미국에서 공부할 때, 설교학 시간에 교수님과 학생들 앞에서 설교를 시연하고 비평을 듣는 시간이 있었습니다. 그때 주해부터 언어 습관, 제스처에 이르기까지 다양한 이야기를 듣고 많은 도움을 받았습니다. 이러한 설교 세미나는 부사역자에게 유익하다고 생각합니다.

또한 독서 세미나에 참여하는 것도 권합니다. 독서 세미나를 통해서 책 읽는 방법을 배우고, 요약하는 방법을 익히고, 그것을 인용해 책을 쓸 수 있는 방법까지 익힌다면 목회에 큰 도움이 될 것이라고 생각합니다.

**김관성** 。   저는 세미나 혹은 프로그램보다 먼저 책 읽는 시간을 확보하는 것이 더 효과적이라고 생각합니다. 요즘은 세미나에 참석하지 않더라도 유튜브나 인터넷 강의 등을 통해 필요한 부분을 연구할 수 있습니다. 그럼에도 세미나에 참석해야 한다면, 글쓰기를 배울 수 있는 세미나를 권합니다. 설교 원고를 작성할 때 논지를 명확하게 하고 통일성 있게 글을 쓰는 것이 중요하기 때문입니다.

> 2017년 한국기독교목회자협의회 조사 결과에 의하면, 부사역자의 월평균 사례비가 전임목사는 204만원, 전임전도사는 148만원, 파트타임 전도사는 78만원이었습니다. 부사역자 대부분이 재정적으로 넉넉하지 못하다는 것을 반영하는데, 재정 관리는 어떻게 할까요?

**김관성** 。   부사역자의 사례비를 현실에 맞게 책정해야 합니다. 목회자 가정이 생존을 위협받는 수준의 사례비는 지양해야 합니다. 만약 교회의 사정상 사례비를 올려 줄 수 없다고 하면, 적어도 4대 보험을 비롯한 복지 혜택이라도 마련해야 합니다.

**최병락** 。 한국 교회 안에는 "목회자는 가난해야 한다"라는 정서가 있습니다. 이로 말미암아 가난이 덕스럽게 여겨지고, 넉넉하지 못한 사례비가 당연하게 여겨집니다. 하지만 이는 부사역자에게 폭력일 수 있습니다.

또한 가난하게 사는 훈련만큼 풍족하게 사는 훈련이 필요합니다. 실제로 모든 것을 잃은 욥은 고난을 이겨 냈지만, 솔로몬은 풍족함으로 넘어졌습니다. 이를 기억하며, 가능하다면 넉넉하게 사례비를 집행하면 좋겠습니다. 그렇지 못할 경우에는 사모가 일하는 것에 반대하지 말고, 격려하는 문화를 만들어야 합니다.

담임목사가 청빈하게 살기 위해 세운 재정 원칙을 부사역자에게 적용하지 말아야 합니다. 결혼, 장례, 심방에 있어서 담임목사가 사적인 사례비를 받지 않는 것은 좋습니다. 하지만 이것을 사례비가 충분하지 않은 부사역자에게까지 적용하는 것은 조심할 필요가 있다고 생각합니다.

**김관성** 。 부사역자의 생계를 안정화하기 위해 가장 필요한 것은 담임목사의 결단입니다. 담임목사와 부사역자 간의 사례비 격차가 민

망할 정도입니다. 이때 담임목사가 조금 적게 받으면서 부사역자의 사례비를 올려 줄 필요가 있다고 생각합니다. 이것이 아니고서는 현실적으로 부사역자의 재정 문제를 해결하기가 쉽지 않습니다.

> **부사역자에게 담임목사와의 관계는 큰 영향을 줍니다. 담임 목사와 좋은 관계를 유지하기 위해 어떤 자세가 필요할까요?**

**최병락** ◦  담임목사를 성공의 수단이 아니라 인격적으로 대하는 것이 중요합니다. 성공의 수단으로 생각하고 어렵게 대하면 관계가 경직되지만, 인격적으로 대하면 편하게 다가설 수 있고, 즐거운 관계를 형성할 수 있습니다.

또한 교회를 사랑하는 것이 중요합니다. 교회를 무엇보다 먼저 생각하고 사랑하는 담임목사의 입장에서는 교회를 사랑하는 부사역자가 좋을 수밖에 없습니다. 그러므로 교회 비전을 자신의 비전으로 삼고, 교회를 위해 열정적으로 헌신하는 것이 담임목사와 좋은 관계를 유지하는 비결입니다.

**김관성** ◦  담임목사를 좋아하는 것이 좋은 관계를 위해서 가장 중요합니다. 담임목사로서 좋아하는 부사역자를 꼽자면 저를 존경하고 좋아해 주는 사역자입니다. 출근할 때마다 부탁하지도 않았는데 매번 차를 준비해 주시는 전도사님이 있습니다. 그렇게 저를 배려해 주시는 모습을 보면서 그분의 마음을 읽고 좋아하게 됐습니다.

반면, 저와 소원한 관계에 있는 사람과 친하게 지내면서 저에 대해 험담하는 부사역자는 좋지 않습니다. 저도 다른 데 가면 그분의 험담을 하게 됩니다. 그러므로 부사역자는 담임목사를 사랑하고 존경해야 합니다. 그래야만 담임목사의 설교를 통해 은혜를 받을 수 있고 목양을 배우고 성장할 수 있습니다.

> ## 부사역자에게 담임목사를 험담하는 성도를 간혹 만나는데, 참 난감합니다. 어떻게 대처하는 게 지혜로울까요?

**김관성** 。　성도보다 담임목사와 친밀하면 됩니다. 우리 교회의 경우, 부사역자들이 회의 시간에 누가 저에 대해 부정적인 이야기를 했는지 말합니다. 그리고 그분이 왜 오해를 했는지, 어떻게 마음을 풀 수 있는지에 대한 전략을 같이 짭니다. 제가 할 일, 부사역자가 할 일을 나눠서 그분의 마음을 녹이는 작업을 합니다. 이처럼 담임목사와 부사역자가 친밀하게 지내고, 동역하면 성도들이 압니다. 부사역자를 붙잡고 담임목사를 험담하는 일은 없어집니다.

반대로 부사역자를 험담하기 위해 담임목사를 찾는 성도도 있습니다. 이럴 때 제가 방어할 수 있는 수준이면 방어를 합니다. 부사역자와 성도의 갈등이 일어나면 무조건 부사역자의 편을 듭니다. 당장 교인이 떠나더라도 부사역자를 품고 사랑하는 것이 맞다고 생각하기 때문입니다. 이럴 때 담임목사와 부사역자 사이의 친밀감과 믿음이 쌓이고, 동역하고 싶은 마음이 들게 됩니다.

**최병락** ◦ 제 경우 다른 사람에 대한 불만이나 험담이 나올 때마다 취하는 원칙이 있습니다. 누군가에 대한 좋지 못한 이야기를 들었다면, 제가 알고 있는 그분에 대해서 이야기하는 것입니다. 만약 "담임목사님이 이렇게 하시는 것은 문제가 있습니다"라는 이야기를 들으면, "그렇게 느끼셨나 보네요. 하지만 제가 아는 목사님을 생각해 보면, 아마 이런 의도로 그렇게 하셨을 것입니다"라고 적극적으로 설명하는 것입니다. 이처럼 부정적인 이야기를 듣고 침묵하는 것이 아니라, 설명을 하는 것이 부사역자가 담임목사님에게 신의를 지키는 것이라고 생각합니다.

> 부사역자의 아내 가운데 담임목사 사모와의 관계, 교회 봉사 여부, 직업 여부 등으로 어려움을 겪는 경우가 많습니다. 그들을 어떻게 도와야 할까요?

**최병락** ◦ 가장 중요한 것은 부사역자 가정에 대한 배려입니다. 부사역자들에게 너무 과중한 업무를 주고, 퇴근도 못 하고 휴일에도 일을 하게 해서 사모님들이 남편 보는 것이 힘들게 하면 안 됩니다. 또한 육아를 사모님 혼자 전담하는 일도 경계해야 합니다. 가정에서 남편과 충분한 시간을 보낼 수 있도록 교회가 배려해야 합니다.

**김관성**。 우리 교회는 저와 부사역자의 관계처럼, 제 아내와 부사역자들의 아내가 친밀하도록 부탁합니다. 그러기 위해서는 담임목사와 그의 아내가 더 많이 베풀고 배려해야 한다고 생각합니다.

또한 부사역자의 아내에게 특별한 헌신을 요구하지 않습니다. 다만 자신의 달란트에 따라 자원하시면 사역하도록 합니다. 이렇게 하는 이유는 좋은 엄마로 자녀를 양육하는 것이 무엇보다 중요하기 때문입니다.

> 사역자로서 자녀가 교회에서 모범적이지 않을 때, 눈치가 보일 때가 있습니다. 혹은 너무 모범적인데, 부모 때문에 눈치 보는 것은 아닌가 걱정될 때도 있습니다. 자녀 양육에 대해 어떤 자세가 필요할까요?

**김관성** 。 목회에 집중하느라 자녀들의 어린 시절에 신앙적인 습관이나 교회를 사랑하고 섬기는 마음을 심어 주지 못한 것 같아

미안함과 후회하는 마음들이 있습니다. 실제로 얼마 전, 딸이 "아빠! 내가 얼마나 더 교회에서 참아야 하고 눈치를 봐야 해요? 아빠 때문에 아무 말도 못하고 마음과 다르게 행동하는지 아빠는 몰라요"라며 울었습니다. 굉장히 마음이 아팠습니다. 평상시에 "목사 자녀라고 해서 특별히 무엇을 하지 않아도 돼. 평소대로 하면 돼!"라고 말하지만, 자녀들은 그렇지 않았던 것입니다. 제가 생각하는 것보다 많은 눈치와 상처를 마음에 새기면서 살고 있었습니다. "아빠가 미안하다"라는 말만 했습니다.

**최병락** ◦  자녀의 양육과 결과는 함수 공식처럼 딱 떨어지지 않습니다. 잘 키웠어도 신앙을 떠날 수 있고, 그냥 키운 것 같은데 좋은 신앙을 가질 수 있습니다. 그렇기에 '목사 자녀는 신앙생활 잘해야 해'라는 생각을 내려놓을 필요가 있습니다.

다만 가정의 특징에 맞는 신앙 교육은 필요하다고 생각합니다. 저 같은 경우도 아이들과 가정예배 드리는 것을 포기했습니다. 미국에서 자란 아이들에게 가정예배라는 시스템이 힘들었기 때문입니다. 대신 식사 후 그 자리에서, 신앙적인 대화를 나누는 시간을 만들었습니다. 학교에서 배운 진화론에 대해서는 어떻게 생각하는지, 외계인은 어떻게 이해해야 하는지 등을 묻고 대답하는 시간을 가졌는데 아이들이 자란 이후에도 이어지고 있습니다.

**김관성** ◦   제일 좋은 신앙 교육은 부모가 서로 사랑하는 모습을 보여 주는 것이라고 생각합니다. 그러면 어지간한 문제는 다 해결됩니다. 배우자를 더 사랑하고 배려하는 것, 배우자에게 인정받고 존경받는 것이 어떤 신앙 교육보다 더 많은 영향을 미치는 것 같습니다.

> 부사역자들 간의 관계로 어려움을 토로하는 경우가 있습니다. 부사역자들이 서로 좋은 관계를 유지하기 위해 어떤 자세를 취해야 할까요?

**최병락** ◦   동등하게 팀으로 사역하는 것이 장점이 많지만 갈등이 생기면 극으로 치닫는 경우가 있습니다. 그러나 질서가 있으면 갈등이 어느 정도 있어도 문제를 해결하지 못하는 정도까지는 가지 않습니다. 그래서 시스템이 필요하다고 생각합니다.

우리 교회 사역자 아파트 입주 조건은 "싸우면 모두 나가야 한다"라는 것입니다. 이런 약속이 공동체를 유지하는 데 필요하다고 생각합니다. 사람은 감정으로만 평화롭게 지내는 것이 아니라, 최소한의 약속을 이행하면서 평화를 유지하기 때문입니다. 그렇기에 이러한 최소한의 약속, 시스템을 통해서 갈등을 지속하지 않고 문제를 조기에 해결하는 방안이 필요하다고 생각합니다.

**김관성** 。  첫째, 경쟁하지 말아야 합니다. 경쟁을 하다 보면 관계가 무너지기 때문입니다. 그래서 부사역자들에게 "사역을 망쳐도 괜찮으니 앞에 있는 사람보다 더 잘하려고 하지 말고, 나한테 더 사랑받으려고 경쟁하지 말라"라는 말을 합니다.

둘째, 함께 식사하는 것도 좋습니다. 우리 교회는 사역자들이 항상 같이 식사를 합니다. 식사를 하면서 이런 저런 이야기를 나누고 친밀감을 쌓다 보니 세상에서 제일 편한 사이가 되는 것을 보았습니다.

## 사역지를 떠날 때의 마음가짐은 어떻게 해야 할까요?

**김관성** 。  좋은 기억만 간직해야 합니다. 사역을 하는 동안 상처받고 괴로웠던 것은 잊어야 합니다. 대신 사랑받았던 기억들을 간직하고, 성장할 수 있도록 디딤돌이 되어 준 교회에 감사하는 마음을 가져야 합니다.

청빙 받은 교회로 이동했다면, 떠난 교회에 대한 말을 아껴야 합니다. 특히 부정적인 이야기는 하지 않는 것이 좋습니다. 만약 기회가 있다면 떠난 교회와 담임목사에 대해 감사한 부분을 이야기할 수 있는 사람이 되어야 합니다.

**최병락** ○　최근 사역자가 이런저런 이유로 토요일에 갑자기 그만 두겠다고 한 적이 있습니다. 그때 제가 불러서 이렇게 말했습니다. "때려치우는 사람이 되지 말고, 사임하고 내려놓는 사람이 되십시오. 오늘 그만두면 때려치우는 겁니다. 내일이든, 한 달 이후 든 잘 마무리하고 성도들에게 축복받으며 그만두면 내려놓는 것입니다. 그러면 이 관계는 지속됩니다. 결혼할 때 청첩장도 가지고 올 수 있고 유학 갈 때 용돈 달라고 할 수도 있습니다. 하지만 때려치우면 달라집니다. 제가 누구에게 전도사님을 추천하는 것도 어렵고, 저와는 물론 우리 교회에서 만난 좋은 분들과의 관계도 이어지기가 어렵습니다. 그러니 절대로 기분에 따라서 그만두지 마십시오. 한 달 휴가를 줄 테니 기도하면서 사역을 계속할지 그만둘지 정하십시오. 계속한다고 하면 그렇게 할 수 있도록 허락할 것이고 그만두겠다고 하면 사역을 마무리할 수 있도록 돕겠습니다."

때려치우는 것은 마무리가 아닙니다. 축복받으면서 사역을 내려놓는 마무리를 해야 합니다. 때려치우는 것과 그만두는 것은 별 차이가 없는 것 같지만 그 결과는 매우 상이함을 기억해야 합니다.

# 슬기로운 부사역자 생활을 위한 조언을 부탁드립니다.

**최병락** 。　미국에서 부사역자로 있을 때, 여덟 가정의 부사역자가 함께했습니다. 그런데 교회가 어려워지면서 일곱 가정이 떠나고, 우리 부부만 남았습니다. 그때 담임목사를 찾아가서 "힘내십시오. 모든 성도가 떠나고 남은 마지막 가정이 있다면 우리 부부가 되겠습니다"라고 하며 헌신했습니다. 그 일로 지금까지 좋은 부사역자를 만나는 복을 누리는 것 같습니다.

　하나님은 내가 행한 대로 거두게 하시는 분입니다. 북왕국 이스라엘은 쿠데타로 세워진 나라여서 그런지 19명의 왕 가운데 8번의 왕조가 쿠데타로 일어납니다. 반면 남왕국 유다는 20명의 왕이 등극하지만 한 번의 쿠데타도 일어나지 않습니다. 마찬가지로 내가 좋은 부사역자가 되면, 내가 담임목사가 됐을 때 좋은 부사역자를 만나게 하십니다. 그러니 부사역자로 섬길 때, 우리나라에서 제일 좋은 부사역자가 되겠다는 마음을 가지면 좋겠습니다.

**김관성** 。　저의 경험으로 볼 때, 담임목사와 사이가 좋지 않은 부사역자는 교회 안에서 사역을 잘하지 못합니다. 그러니 담임목사를 사랑하는 것이 중요합니다. 부사역자에게 탁월한 생각이 있고, 독특한 목회 철학이 있더라도 교회를 섬기는 동안에는 담임목사의 목회 철학과 그 교회의 교회론을 따라야 합니다. 그렇게 하면 다른 부수적인 문제들은 다 풀리게 됩니다.

가급적이면 하나님의 섭리 가운데 함께 섬기게 된 동역자들을 친구로 만드십시오. 함께 사역하는 동안 싸우고 원수가 되면, 담임목사가 되어서도 원수처럼 지내는 경우가 많습니다. 험담하고 비난하는 사이가 됩니다. 반면 사역하는 동안 친구가 되면 평생을 동역하는 친구가 됩니다. 원수가 되면 내가 실수하고 잘못한 것들이 과포장되어 사람들 사이에 회자되지만, 친구가 되면 실수도 추억으로 서로 웃을 수 있는 소재가 됩니다.

# 교회 개척

# 개척 준비에서 중요한 것은 무엇입니까?

**최병락** ◦ 미국에서는 일반적으로 개척을 긴 시간 동안 준비합니다. 교회로서 교단의 인정을 받고 지원을 받으려면 최소한 개척 멤버가 30명은 모여야 합니다. 이때 30명은 단순한 성도가 아니라 준사역자 수준의 코어 멤버입니다. 예배를 인도하거나 새가족 팀을 맡아서 사역할 수 있는 30명입니다.

이런 30명이 모이기까지 개척 준비 모임을 가집니다. 이때 '교회를 어떻게 세워 갈 것인가? 예배는 어떻게 드릴 것인가? 선교는 어떻게 할 것인가?' 등에 대해 심도 있는 대화를 하며 비전을 세워갑니다.

그렇기에 개척자는 먼저 '어떤 목회를 할 것인가?' '예배는 어떻게 할 것인가?' 등에 대한 목회 철학을 분명히 갖고 있어야 합니다. 이처럼 개척 준비에 있어서 교회의 정체성과 비전을 세우는 것이 무엇보다 중요합니다.

**김관성**。 개척을 해서 잘 안된 적도 있고, 비교적 잘된 적도 있습니다. 이를 돌아보며 '잘 안된 이유, 잘된 이유가 무엇인가?'에 대해 생각하면서 다음과 같은 준비가 필요하다고 생각했습니다.

첫째, 재정적인 준비가 되어야 합니다. 필요한 재정이 확보되지 않은 채 개척 현장에 뛰어들면 큰 어려움을 당하게 됩니다. '하나님이 까마귀를 보내서서 역사하실 거다'라는 생각으로 아무 준비 없이 뛰어들면 실패할 수 있습니다. 우리는 생각보다 돈이 없는 시간을 견디기 어려운 존재임을 자각하고, 철저하게 준비해야 합니다.

둘째, 예배당을 잘 준비해야 합니다. 물론 카페나 다른 공간에서 예배할 수 있습니다. 하지만 모든 성도의 마음에는 자기가 소속된 교회, 기도하는 공간, 예배하는 공간, 추구하는 자리가 있습니다. 그렇기에 개척자는 크든 작든 예배당을 잘 꾸미는 데 마음을 쏟아야 합니다.

셋째, 가정을 잘 돌볼 장치가 필요합니다. 교회를 개척하면서 온 마음을 교회에 쏟아 부어 가정을 흔들고 아내와 자녀들을 고통스럽게 한 적이 있습니다. 그 결과 목회에 집중하기 어려울 만큼 가정 문제가 심각해지는 경험을 했습니다. 가정을 흔들면서까지 교회에 집중하는 것이 결국 목회를 어렵게 합니다. 이를 방지하기 위해서라도 가정을 보호하는 장치를 마련해야 합니다.

넷째, 목회 철학을 분명하게 해야 합니다. 사람들마다 구현하고 싶은 교회가 다릅니다. 그렇기에 사람들의 요구에 따라 흔들리면 마음이 상하는 이가 생기기 마련이고 이들을 달래는 데 쓰는 에너지가 너무 많습니다. 그러므로 개척자가 어떤 교회를 구현해 내겠다는 방향성을 갖고 시작해야 합니다.

**최병락** 。 릭 워렌 목사님은 새들백교회를 세울 때, 정확한 타깃 그룹을 만들었습니다. 바로 새들백 샘(Saddleback Sam)입니다. 그들은 오렌지 카운티에 거주하는 백인 중산층으로 교육 수준이 높고, 삶의 환경에 대해 만족하고 있고, 정장보다는 편안하고 격식 없는 복장을 선호합니다. 이런 사람들이 와서 편안하게 느낄 수 있는 예배 스타일, 메시지, 아웃리치를 준비했습니다.

이처럼 개척자의 교회론을 따라 타깃 그룹을 정할 필요가 있다고 생각합니다. 우리 교회만 섬길 수 있는 타깃을 정하여 그들에게 맞는 목회를 하겠다고 공표하며, 개척 멤버를 모으는 것이 효과적이라고 생각합니다.

## 개척 장소를 정할 때, 무엇을 가장 중요하게 여겨야 할까요? 또한 유의해야 하는 점이 있다면 무엇일까요?

**최병락** 。 우리나라의 경우 개척자들이 장소를 정하는 일이 쉽지 않습니다. 비싼 임대료는 물론, 하나부터 열까지 준비하는 데 들어가는 비용이 적지 않기 때문입니다.

　반면, 미국의 개척 교회는 주일 오후에 기존 교회를 빌려 예배합니다. 기존의 교회를 무상이나 저렴하게 대여하기에 사람이 모이기만 하면, 1-2년 만에 자립해 건물을 매입하는 경우가 적지 않습니다. 우리도 기존의 교회와 협업해 교회 안의 교회를 개척할 필요가 있습니다.

**김관성** 。 　사람이 올 수 있는 곳에 개척 장소를 정해야 합니다. 젊은 목사님 중에 개척을 하면서 '인원에 신경을 쓰지 않는다. 본질에 충실하면 된다'라고 생각하는 분이 많습니다. 제가 볼 때 이는 신앙적인 허세입니다. 개척 교회가 성장에 관심을 갖는 것은 문제가 아닙니다. 그렇기에 교회의 위치는 전략적으로 중요합니다.

　교회 인테리어를 할 때는 개척자의 성향을 파악하는 것도 중요합니다. 의외로 상가를 구해 놓고 인테리어 때문에 고생하는 분이 많습니다. 저는 이런 부분을 고민하는 일을 좋아하지 않기에 행신교회를 개척할 때 이미 시설이 갖추어진 교회를 인수했습니다. 이처럼 자기 성향을 파악해서 교회를 꾸미는 것도 지혜롭다고 생각합니다.

**최병락** 。 　개척을 하면서 많은 미국 교회를 찾아가 프레젠테이션을 했습니다. 거절을 당하면 또 다른 교회를 찾아가 예배당을 빌려 달라고 요청했습니다. 이 과정을 통해 목회자로서 단단해졌습니다. 이처럼 개척자들이 기존 교회를 찾아가 프레젠테이션을 할 수 있는 준비도 필요합니다. 기존 교회 목회자를 설득해 예배당 사용을 허락받을 용기가 필요합니다.

## 개척 초기, 어떠한 사역을 가장 중요하게 여기셨으며, 그 이유는 무엇입니까?

**김관성** 。 무엇보다 교인들과 시간을 많이 보내는 데 집중했습니다. 우리 가족보다 성도들과 더 가족처럼 지냈습니다. 5년 동안 고향에 못 가서 누님들이 화를 낼 정도였습니다. 그렇게 성도들과 시간을 보내면서 저라는 존재를 드러내 보여 줬습니다. 그렇게 하니까 성도들도 같은 반응을 보였습니다.

이러한 시간들을 통해 교회의 강력한 구심점이 생겼습니다. 정서적인 공감을 불러일으키며 공동체성이 형성되었습니다. 이러한 공동체가 된 후 사역이 열리기 시작했습니다. 성도들은 제가 설교를 잘하든 그렇지 않든 상관하지 않고, 제가 전하는 메시지를 수용하고 사역을 지지해 주기 시작했습니다. 교회에 다른 이들을 데리고 오기 시작했습니다. 이처럼 교인들과 공감대를 형성하며 공동체성을 강화하는 게 개척 초기에 큰 힘이 된다고 생각합니다.

**최병락** 。　교회는 다음과 같은 다섯 가지가 있어야 합니다. 예배, 소그룹, 구제, 전도와 선교, 제자훈련입니다. 하지만 개척하면서 이 다섯 가지를 동시에 하기란 쉽지 않습니다. 사람도 재정도 부족하기 때문입니다. 그래서 저는 5주년 계획을 가지고 하나씩 집중하기로 했습니다. 그중 먼저 예배에 집중했습니다. 그 이유는 다음과 같습니다.

첫째, 개척 교회에 오는 분 10명 중 9명은 주일을 성수하기 어려운 상황 속에서 '예배라도 드려야지'라는 마음으로 참여하기 때문입니다. 실제로 성도들 가운데 신앙이 있는 분들에게 예배는 마지노선입니다. 성경 공부, 소그룹에 참석할 시간과 여유가 되지 않아도 예배는 드리겠다는 마음을 갖습니다.

둘째, 예배에서 은혜를 받아야 헌신하려는 마음이 생기기 때문입니다. 은혜를 받으면 주를 위해 뭐라도 해야겠다는 결단을 하게 되고, 그 결과 다른 사역의 문이 열립니다. 소그룹, 구제, 선교와 전도, 제자 훈련도 예배에서 은혜 받아야 시작할 수 있는 것입니다.

그러므로 개척 초기, 무엇보다 예배와 설교에 목숨을 걸어야 합니다. 개척 교회, 작은 교회가 아니라 1천 명, 1만 명 성도가 있는 교회라고 생각하고 최선을 다해 설교를 준비하고, 예배를 인도하는 데 집중해야 합니다.

## 개척 초기, 목회자들이 가장 많이 하는 실수는 무엇이며, 이를 방지하려면 어떻게 해야 할까요?

**김관성** 。 저와 동료들이 개척 초기에 어떤 실수를 했는지 생각해 봤습니다. 첫째, 교회론이 너무 이상적입니다. 이 땅에서 구현할 수 없는 교회론을 가지고 자기 생각에 갇혀 이것을 절대로 포기하지 않겠다고 하며 유연해지지 못하면 문제가 생깁니다. 자기의 생각이 틀릴 수 있음을 인정해야 합니다. 너무 비장하기만 한 교회론은 교회와 목회자 자신을 어렵게 만듭니다.

둘째, 스스로 설교를 잘 한다는 착각입니다. '내 설교를 들으면 사람들이 등록할 것이다'라는 생각을 많이 합니다. '주해도 뛰어나고, 적용도 좋고, 스피치도 훌륭하다'고 생각합니다. 여기에서 빠져 나와야 합니다. 그런 생각 때문에 목회가 안되는 경우가 적지 않습니다. 설교자는 진심을 토해 낸다는 것이 회중으로 하여금 '왜 화만 내고 있지'라는 생각을 하게 할 수도 있음을 기억해야 합니다.

셋째, 교회에 집중하다 가정에 문제가 생기는 경우입니다. 하늘꿈연동교회 장동학 목사님은 "개척 교회 목사님과 사모님의 사이가 좋지 않으면 부흥이 안된다"고 말씀합니다. 일리가 있는 말입니다. 목회자 부부의 신뢰가 개척 후 많은 고난과 어려움을 견디게 하는 힘이 됩니다. 그러므로 개척을 시작하기 전 가정의

온도를 체크하는 것도 중요한 준비입니다.

넷째, 부교역자 시절 맺었던 사역적 열매가 개척 후에도 이어질 것이라는 착각입니다. 부교역자는 담임목사의 배려와 교회의 좋은 시스템이라는 뒷받침 속에서 사역적 열매를 맺습니다. 이를 생각하지 않고 자신이 이 분야에 달란트가 있다고 판단해서 개척 현실에 뛰어들면 안 됩니다. 광야 같은 현실에서는 전혀 열매를 맺지 못할 수도 있다는 것을 기억해야 합니다.

다섯째, 한 사람 붙잡으려고 목회 철학이나 원칙을 포기하는 것입니다. 개척 교회에서 한 사람의 비중이 굉장히 크지만 그렇다고 타협해서는 안 될 부분까지 기준을 무너뜨리면 그것이 독이 됩니다. 그것이 교회나 목회자의 삶에 부정적인 영향을 미치게 됨을 잊지 말아야 합니다.

**최병락** ◦ 첫째, 내가 세운 교회론이나 목회 철학이 절대 진리라는 착각에서 빠져 나와야 합니다. 내가 생각하는 교회의 본질과 성경적인 교회가 다를 수 있습니다. 내 생각이 전부가 아니라는 것을 알아야 합니다. 그렇지 않고 너무 비장하면 교인들과 마찰이 일어날 수 있고 문제가 생깁니다. 그러므로 하나님 앞에 겸손해야 합니다. '우리는 답을 찾아가는 공동체, 알아가는 공동체'라는 생각이 필요합니다. 열린 마음을 갖는 것이 중요합니다.

둘째, 설교 중 자기 약속과 선언을 지나치게 많이 하는 것도 경계해야 합니다. "우리 교회는 이런 교회가 되어야 합니다", "이 부분에 목숨을 걸어야 합니다", "이거 하나는 약속합니다" 등의 선포가 자기 족쇄가 될 수 있기 때문입니다. 이러한 자기 확신에 찬 약속이 리더십에 치명상을 입힐 수 있습니다. 실제로 교회는 살아 있는 유기적 공동체이기에 변할 수밖에 없습니다. 시대에 따라 변할 수 있고 여러 가지 상황에 적응하기 위해 변할 수도 있습니다. 목회자가 개척 초기에 한 약속으로 인해 변화를 시도하지 못하는 것도 문제가 되고, 그 약속을 깨는 것도 문제가 될 수 있습니다.

> 개척 초기에 새로운 시작에 대한 기대감으로 무리하게 사역을 하는 경우도 있고, 두렵고 떨리는 마음으로 인해 소극적인 자세를 갖는 경우도 있습니다. 두 분은 어떤 마음이셨고, 조급하거나 부정적인 마음을 어떻게 다스리셨습니까?

**최병락** 。   유학 가서 환경에 떠밀려서 개척을 했습니다. 목회에 대한 소명은 있었지만, 어려운 개척 환경에서 다음과 같은 의문이 계속 있었습니다. '하나님이 정말 내가 개척하기 원하셨는가? 정에 이끌려 어쩔 수 없이 개척한 것인가?' 이런 의문이 저를 힘들게 만들었습니다. 하지만 테레사 수녀가 인도 콜카타의 빈민 거리로 나서며 "소명 안에 소명이 있다"고 말한 것처럼, '저를 목회자로 부르신 소명 안에 세미한교회 개척도 있다'고 여기자 목회에 대한 자세가 달라졌습니다. 상황이 좋지 않을 때마다 들었던 '떠날까? 그만둘까? 잘못 선택한 것은 아닌가? 공부를 계속해야 하나?'라는 생각을 멈추게 됐고, 하나님이 부르신 그 곳이 나의 자리라는 확신이 들었습니다. 이처럼 개척 초기에는 무엇보다 소명 의식이 중요합니다.

또한 메시아 증후군에 빠져 '내 말이 다 맞다' 생각하는 것을 조심해야 합니다. 성도를 두려워하고 마음을 살피는 것이 지혜롭습니다. 하나를 결정해도 성도의 입장에서 생각하고, 오늘 하고 싶은 이야기도 기다릴 줄 알아야 합니다. 이것이 비겁하게 보일지라도 성도를 배려하면 교회적으로 평안할 수 있습니다. 그렇게 늦어도 되니까 한 번 더 생각하고 기다리는 것이 중요합니다.

**김관성** 。　개척을 해서 빨리 부흥하고 싶었습니다. 하지만 부흥이 되지 않았고, 그때부터 끊임없이 부정적인 마음과 자책하는 마음을 가졌습니다. 나보다 쉽게 목회하고 잘되는 케이스에 대해 분노, 원망, 시기하는 마음이 들어 밤잠을 설칠 때도 있었습니다. 이러한 감정이 쉽게 해결되지 않았습니다.

또한 젊은 날 "나는 이 일에 목숨을 걸겠습니다. 이런 것은 하지 않겠습니다"라고 했던 말들로 인해 목회 변화를 가져와야 할 때,

하지 못해 좌절도 했습니다. 문제는 제게 이러한 괴로움을 극복할 힘도 방법도 없었다는 것입니다.

다만 행신교회를 개척하고 비교적 순탄하게 성장하면서 변화가 찾아왔습니다. 내가 철부지였다는 것과 '하나님이 그런 나를 오랜 시간 참고 기다려 주셨다'는 것을 깨달으면서 내면의 상처와 부정적인 마음들이 회복되기 시작했습니다.

> 사역을 한없이 하다 병이 나거나 아무것도 하지 않고 게으름을 부리다 매너리즘에 빠지는 개척자들이 있습니다. 개척자의 시간 관리에 대해 조언해 주십시오.

**최병락** ｡ 개척해서 심방할 교인도 없고 정해진 사역도 제한적이라 시간이 많았습니다. 심지어 주일에도 여유가 있었습니다. 미국 교회를 빌려 주일 오후 2시에 예배를 드렸는데 한 번도 그런 적은 없지만 주일 오전에 예배 준비를 해도 될 정도였습니다.

더구나 생계를 위해 이중직을 선택하는 분들과 달리, '굶어 죽더라도 목회만 하겠다'고 마음먹었기에 시간이 꽤 있었습니다. 이때 이중직하는 분들만큼 목회를 위해 시간을 사용하는 것이 절실했습니다. 그렇지 않으면 시간이 남아 매너리즘에 빠지고 자괴감이 들 수 있기 때문입니다.

하여 저는 매일 새벽기도를 한 후 거실로 출근했습니다. 교회를 주일에만 임대했기에 갈 곳이 없었기 때문입니다. 그렇지만 거실로 출근할 때는 항상 양복을 입었습니다. 이때 아내가 한 번도 반바지 입은 모습을 본 적이 없다고 할 정도였습니다. 퇴근 시간도 정확하게 지켰습니다. 그 시간을 오직 목회를 위해 사용했습니다. 이처럼 시간에 대해 자기 헌신, 약속이 필요합니다.

**김관성** 。   요즘 개척자들을 보면 사진, 여행, 커피 등 다양한 취미 활동을 합니다. 이것이 잘못된 것은 아닙니다. 목회를 하면서 받는 스트레스를 극복하는 시간들은 분명히 필요합니다. 하지만 넘지 말아야 할 기준은 분명히 있다고 생각합니다. 취미에 빠져 목회가 되지 않는다는 이야기를 듣지는 말아야 합니다. 시간을 너무 취미 활동에 투자하는 것에 대해서는 조심해야 합니다.

최 목사님의 존경스러운 점은 성도들이 보고 있지는 않지만, 자기 삶을 쳐서 복종시키는 경건의 훈련을 했다는 것입니다. 이러한 헌신 없이 개척 교회를 세우는 것은 쉽지 않다고 생각합니다. 목회자가 괴롭고 고통스러운 시간을 지나야 교회가 세워지고 성장하는 결과를 볼 수 있습니다.

> 전도를 잘하고 싶지만 막상 쉽지 않다는 개척자가 많이 있
> 습니다. 주로 교인들을 상대하는 부교역자 때와는 달리 교
> 회를 다니지 않는 사람, 교회에 적대적인 사람들과 만나야
> 하는 경우가 많습니다. 이런 경우 어떻게 대화의 물꼬를 트
> 고, 전도해야 할까요?

**김관성** 。   저는 대화의 물꼬를 트는 것이 어렵거나 스트레스가 되지 않습니다. 누구를 만나든 쉽게 대화를 합니다. 다음과 같은 이유라고 생각합니다.

첫째, 적당한 유머 때문입니다. 저는 누구를 만나든 같이 웃을 수 있는 포인트를 만들려고 애씁니다. 함께 웃을 때 대화가 잘 풀리기 때문입니다. 반면, 도덕 선생 같은 이야기를 나열하거나 가르치려고 하면 대화가 막히고 문제가 생깁니다. 이를 조심하며 적당하게 유머를 섞는 대화법이 도움이 된다고 생각합니다.

둘째, 유연한 자세입니다. 나와 반대의 생각을 가진 분을 만나도 그분의 편을 들어줄 수 있는 유연함이 필요합니다. 복음을 위해서 소신과 다른 생각을 가진 분에게 맞장구 쳐 주는 것입니다. 예수님을 소개하고 구원의 자리에 초청하기 위해 유연한 태도를 보이는 것이 중요합니다.

**최병락** 。   개척 교회 목회자가 할 수 있는 최고의 전도는 설교입

니다. 설교가 은혜로우면 성도가 1명밖에 없어도 누군가를 데려오게 됩니다. 2명이라면 4명이 됩니다. 목사님 설교를 들으면 은혜 받는다는 확신에서 전도의 자신감이 나오기 때문입니다.

한편 새가족들이 교회에 정착하는 이유는 내세에 대한 관심이나 종교에 대한 관심, 천국 때문이 아닙니다. 삶이 힘들었을 때 위로를 받기 위해서 교회에 나옵니다. 실제로 큰 병을 얻었거나 자식을 먼저 보냈거나 사업에 실패했거나 부부간 어려움을 겪는 분들을 전도했을 때 굉장히 효과적이었습니다. 이런 분들은 지푸라기 잡는 심정이기 때문에 종교가 달라도 기도해 달라고 합니다.

마크 뷰캐넌이 《영혼의 사계절》에서 "겨울이 우리의 믿음을 자라게 한다"고 말한 것처럼, 영혼의 겨울을 만난 분들을 집중적으로 전도하는 지혜도 필요합니다. 그들을 위해 상담적 설교, 치유적 설교, 하나님 은혜에 대한 설교를 함으로써 울림을 주고, 복음으로 나아가게 해야 합니다.

> 개척자의 경우, 교회 재정과 가정의 재정이 혼용되는 경우가 적지 않습니다. 이런 문제를 어떻게 풀어 가야 할까요?

**김관성** 。 교회와 가정의 재정을 철저하게 분리해야 합니다. 교회 재정을 가정을 위해 쓰기 시작하면 큰 문제를 야기할 수 있습니다. 누가 봐도 흠잡을 것이 없도록 교회 재정을 명확하게 해야 합니다. 교인들에게 재정을 공개하는 방식을 구체적으로 확실하게 해야 합니다. 사실 이것은 그렇게 어렵지 않습니다.

문제는 가정의 재정 원칙을 세우는 것입니다. 아무리 경제적으로 어려움을 당하는 분이 찾아와도 가족의 삶을 고통스럽게 만들면서까지 돕는 것은 문제가 있습니다. 가정의 미래를 위해 준비한 재정을 목회자라는 이유만으로 도를 넘게 내어놓는 것은 지양해야 합니다.

**최병락** 。 개척하면서 "목회자 사례비는 받지 않아도, 선교사는 돕는다"라고 하는 분들을 많이 봤습니다. 나쁘지는 않지만 지혜롭지 않다고 생각합니다. 교회를 개척해서 무엇보다 먼저 책정해야 하는 재정 항목은 목회자 사례비이기 때문입니다. 그렇게 하지 않으면 교회가 성장하고 비정상적인 사례비를 정상화할 때 성도들로 하여금 욕심을 낸다는 오해를 받을 수 있습니다. 그렇기에 처음부터 정상적으로 사례비를 책정하는 것이 중요합니다.

> 두 분 모두 개척해서 자립하고 많은 영향력을 미치는 교회로 성장시키셨습니다. 그 요인이 무엇이라고 생각하십니까?

**김관성** 。 목회자의 이름이 외부적으로 알려진 것이 도움이 됐습니다. 행신교회를 개척할 때,《본질이 이긴다》가 베스트셀러가 됐고, 남포교회 박영선 원로 목사님과의 대담집《직설》도 나왔습니다. 그러면서 확률적으로 교회를 정하지 못한 분들이 우리 교회에 등록할 가능성이 높아졌습니다.

또 한 가지 요인을 말하자면, 심방에 최선을 다한 것입니다. 새 가족이 교회에 등록하면 그 주에 평균 4-5시간을 함께하며 시간을 보냈습니다. 그분이 원하면 4-5번 만나는 것도 주저하지 않았습니다. 그 결과 우리 교회의 정착 비율이 86%가 됐습니다.

**최병락** 。 앞서 언급했지만 개척 교회에 있어 최고의 전도는 설교입니다. 그래서 저는 무엇보다 설교 준비에 최선을 다했고, 감사하게도 설교가 교회의 정착 이유라는 이야기를 많이 들었습니다.

한편 갈등을 만들지 않는 목회도 주요한 성장 요인이었다고 생각합니다. 교인들과 소통하는 가운데 갈등을 유발하지 않고, 또한 교인들 간 화합할 수 있도록 중재하는 역할에 최선을 다했습니다. 실제로 성장하다가 갈등으로 분열되어 어려움을 겪는 교회가 적지 않은데 저는 한 번도 그런 적이 없습니다. 그래서 교회가 주저앉는 일 없이 지속적으로 성장할 수 있었다고 생각합니다.

**최병락** ◦  첫째, 믿음의 길을 걷는 좋은 친구를 사귀어야 합니다. 다니엘은 혼자가 아니라 사드락, 메삭, 아벳느고라는 믿음의 친구가 있었기에 믿음의 길을 걸을 수 있었습니다. 마찬가지로 목회에 있어 창의적인 아이디어가 생기고, 하나님을 향한 열정과 소망이 생기는 분들을 만나는 모임을 가질 때, 목회에 큰 유익이 될 것입니다.

둘째, 인내력과 지구력이 중요합니다. "주께서 일어나사 시온을 긍휼히 여기시리니 지금은 그에게 은혜를 베푸실 때라 정한 기한이 다가옴이니이다"(시 102:13)라는 말씀처럼, 목회를 하다 보면 하나님이 역사하시는 때가 있습니다. 은혜가 임할 때가 있습니다. 이를 기억하며 끝까지 힘을 냈으면 좋겠습니다.

**김관성** ◦  어릴 적에 아버지와 형에게 많이 맞았습니다. 그러면서 눈치를 많이 보게 됐고, 겁이 많아 무엇을 적극적으로 시도하거나 도전을 잘하지 못하게 됐습니다. 하지만 이러한 환경이 부정적 결과만 만든 것은 아니었습니다. 하나님은 이를 통해 누구보다 어려운 사람들의 마음을 공감하고, 사랑하는 마음을 제 안에 키우셨습니다.

이처럼 아무런 배경 없이 목회를 시작하고 개척한다고 해서 너무 원망하거나 괴로워하지 않으면 좋겠습니다. 주어진 삶의 조건을 믿음으로 수용하면서, 하나님이 어떤 역사를 이루실 것인지 기대하는 마음을 가지면 좋겠습니다. 그렇게 오늘 하루 신실하게 지금 할 수 있는 일을 감당하면서 주님의 길을 걸어가기를 부탁드리고 싶습니다.

# 부임

> 청빙 수락에 있어 가장 중요하게 세워야 하는 기준은 무엇
> 입니까? 청빙을 거절해야 하는 교회, 청빙을 수락해야 하는
> 교회를 어떻게 분별할까요?

**최병락** 。    미국에서 개척을 한 후 청빙을 꽤 많이 받았습니다. 처음에 청빙을 받을 때는 그 교회도 보고 제 상황도 봤습니다. 그러다가 '청빙을 받을 때마다 고민을 하면 안 되겠다. 기준을 정하고 부합하면 기도를 시작해야지'라고 생각했습니다. 청빙 때마다 고민하는 것이 쉽지 않았기 때문입니다.

하여 청빙을 수락하기 위함이 아니라, 거절하기 위해 두 가지 기준을 세웠습니다. "첫째, (지원 서류를 내거나 지원하지 않고) 내 의지와 상관없이 청빙되어야 한다. 둘째, (성도들에게 상처를 주지 않기 위해) 미국에 있는 교회의 청빙은 받지 않는다." 그래서 "형식적으로 이력서만 보내 주세요"라고 하는 한국 내 교회, "서류 없이 바로 오십시오"라는 미국 내 교회도 고민하지 않고 거절할 수 있었습니다.

다만 강남중앙침례교회는 달랐습니다. 제 의사와 상관없이 교회에서 일방적으로 투표해서 저를 3대 목회자로 정했고 미국이 아닌 한국 내 교회였기에 저도 기도를 시작했습니다. 그렇게 1년 기도하는 가운데 부르심을 느끼고 순종해서 오게 됐습니다.

**김관성** 。  청빙에 있어서 기준을 세워야 합니다. "그 교회와 목회자가 맞느냐 맞지 않느냐"가 중요한 기준이 되어야 합니다. 그래서 저는 청빙을 받을 때마다 "내가 살아왔던 삶의 내용, 내가 추구하는 신학적 소신을 그 교회에서 구현할 수 있는가"를 생각했습니다.

단순히 "목회자 대우를 잘해 주는가? 성도 수가 많은가? 목회자를 괴롭히지 않는 곳인가?" 등을 조사해서 "괜찮다"고 하면 가는 것은 위험합니다. 또한 교회 입장에서도 "저 목사님을 청빙하면 교회가 성장할 것인가?"라는 단순한 이유에서 청빙하면 안 됩니다. 목회자와 교회가 맞지 않으면 목회자의 인생이 꺾이거나, 교회가 망가질 수 있기 때문입니다.

이를 방지하기 위해 가야 할 이유보다 가지 않아야 할 이유를 분명하게 정해 놓는 것이 좋습니다. 정말 신중하게 가지 않아야 할 이유를 따져 보고 그것을 피했을 때 청빙에 대해 기도하며 결정해야 한다고 생각합니다.

**최병락**。  목회자 기질과 교회가 원하는 목회자상을 파악하는 것
도 중요합니다. 시스템이 잘 갖춰진 교회 환경은 '설교하고 가르
치는 사역만 하면 좋겠다'는 목회자에게는 적합하지만 개척 정
신이 있는 목회자에게는 불편합니다. 아무리 다른 조건이 좋아
도 자기를 잃어버리게 되고 고통스럽게 살아가야 합니다. 그렇
기에 자기 성향에 맞는 교회인지가 청빙의 중요한 기준이어야
합니다.

**김관성**。  한 가지 첨언하자면 분명 현재 사역 교회보다 더 큰 교
회의 청빙을 받아 성실하게 목회하며 아름다운 교회를 세워 가는
목사님들도 많습니다. 이것을 존중해야 합니다. 다만 인간적인
조건에 의해 목회지를 선택하는 것을 지양해야 합니다. 자기 삶
과 신학을 잘 읽어 내서 청빙에 응해야 한다는 것을 강조하고 싶
습니다.

> "부임 후, 3년은 성급하게 교회를 바꾸려고 하지 말라"는
> 말을 많이 합니다. 마음에 들지 않는 교회 행정, 시스템, 재
> 정 사용 등을 지혜롭게 변화시키는 방법이 있을까요?

**김관성**。  목사님이 부임하자마자 주보부터 강단, 조명, 행정 시

스템 등 모든 부분을 변화시키면 성도들은 '목사님이 목회를 의욕적으로 하는구나' 이해하면서도, 한편으로 지금까지 신앙생활 하면서 만들어 놓은 추억, 문화가 부정당하는 느낌을 받습니다. 그렇기에 비효율적인 것 같고 체계적이지 않는 것처럼 보이더라도 너무 성급하게 교회 시스템이나 문화를 바꾸려는 것은 조심해야 한다고 생각합니다.

**최병락** 。 전통적으로 부임 후 3년은 주보 글자 하나 바꾸지 말라고 합니다. 하지만 성도들은 부임한 목회자를 통해 새로운 모습과 변화가 일어나기를 원합니다. 변화가 없어도 문제가 생길 수 있다는 것입니다. 실제로 부임한 후 3년은 목회자에게 리더십의 전권이 주어집니다. 변화시켜야 할 부분을 새롭게 하기에 가장 좋은 골든타임입니다. 다만 빠르게 변화시켜야 하는 부분과 급하게 하지 말아야 하는 부분을 잘 구분해야 합니다.

동시에 교회가 쌓아 온 전통을 무너뜨리는 방식이 아니라, 계승해서 높이는 방향으로 변화를 주는 것이 중요합니다. 교인들이 "비슷한데 새로운 것이 생겼네"라기보다는 "우리 교회가 더 좋아지네"라고 느끼게 해야 합니다. 강단을 바꾸고, 예배 스타일을 바꿀 때 "요즘은 이렇게 안 합니다"보다 "지금까지 이렇게 해서 너무 좋았습니다. 여기에 이걸 더하면 더욱 은혜로울 것 같습니다"라고 하는 것입니다. 이처럼 '변화를 빠르게 주느냐, 느리게 주느냐'보다 '어떻게, 어떤 방식으로 하느냐?'가 더 중요합니다.

**김관성** 。 "부임 후 교회를 성급하게 바꾸지 말고, 3년은 기다리라"는 것은 결국 신뢰가 쌓일 때까지 기다리라는 말입니다. 신뢰가 형성되면 목회자가 어떻게 하든지 존중하고 따르게 되는데, 신뢰가 형성되지 않은 상태에서는 잡음이 생길 수 있기 때문입니다. 그렇기에 신뢰를 쌓을 때까지 인내하는 것이 필요합니다.

**최병락** 。 존 맥스웰은 리더십에 다섯 단계가 있다고 말합니다. 첫 번째 단계는 지위(리더가 특정한 지위를 가지고 있기에 사람들이 의무감에서 따르는 것), 두 번째 단계는 허용(지위가 아니라 리더를 따르기 원하기에 따르는 것), 세 번째 단계는 성과(리더가 조직을 위해 이뤄 놓은 일로 인해 따르는 것), 네 번째 단계는 인물 계발(리더가 사람들을 위해 행한 일로 따르는 것), 다섯 번째 단계는 인격(리더의 인격과 그를 대변하는 일을 존경하는 것)입니다. 부임한 담임목사는 첫 번째 단계일 뿐입니다. 그 다음 단계로 나아가기 위해 신뢰를 쌓는 시간이 필요하다는 것도 인정해야 합니다.

## 담임목사의 목회 철학과 교회론을 부임한 교회에 이식하기 위해 필요한 지침이 있다면 무엇일까요?

**최병락** 。  설교를 통해 목회 철학과 교회론을 이식해야 합니다. 설교는 설득이기 때문입니다. 교육학적으로 설명하자면 하나의 주제를 최소 30번은 들어야 그 개념을 깨닫는다고 합니다. 그렇기에 교회에서 자신의 목회 철학을 구현하고 싶다면 한 번 설교로 충분하다고 생각해서는 안 됩니다. 일주일 내내 준비한 설교라도 성도에게는 1시간 남짓의 시간일 뿐이기 때문입니다. 성도들은 반복해서 들어야만 그 개념을 이해하고 따라올 수 있습니다. 충분한 시간을 갖고 설교와 교육을 통해 지속적으로 성도들을 설득하는 과정이 필요합니다.

**김관성** 。  저는 목회 철학이나 교회론을 설교를 통해 성도들에게 인식시키는 것에 대해서는 부정적입니다. 하나님 말씀이 목회 철학이나 교회를 뒷받침하기 위해 존재하는 것이 아니기 때문입니다.

목회 철학이나 교회론은 목사의 삶을 통해서 성도들에게 전해진다고 생각합니다. 목사가 기뻐하고 즐거워하는 모습을 보며 성도들은 자연스럽게 이를 파악하게 됩니다. 이를 위해 영화나 드라마를 이용하는 것도 좋습니다. 드라마 〈나의 아저씨〉를 보면서 제가 지향하는 교회의 모습이 느껴져 교인들과 함께 보고 이야기 했는데 이것이 도움이 됐습니다. 제가 세우고 싶은 교회나 목회 방향이 교인들의 마음에 담기는 것을 느낄 수 있었습니다. 복음의 능력 가운데 살아가다 보면 공동체가 자연스럽게 같은 방향성을 갖게 됩니다. 담임목사가 지향하는 것들을 함께 바라보며, 구현하게 된다고 생각합니다.

**최병락** 。　로버트 콜먼은《주님의 전도 계획》에서 예수님의 제자 훈련에 커리큘럼이 있었다고 주장합니다. 반대로 커리큘럼이 없이 제자들과 함께 사셨다는 주장도 있습니다. 설교도 마찬가지라고 생각합니다. 본문이 이끄는 설교도 필요하지만 주제 설교도 필요합니다. 목회 철학이나 교회론은 설교를 통해 교인들에게 설득하는 과정도 중요하기에 이를 병행하며 진행합니다.

## 담임목사 부임 이후, 부교역자가 전면적으로 교체되는 경우가 적지 않습니다. 이에 대해서는 어떻게 생각하십니까?

**김관성** 。　기계적으로 "전부 사임해 주십시오"라고 하는 것도 "모두 나와 함께 갑시다"라고 하는 것도 아니라고 생각합니다. 그렇기에 제가 부임한다면 부교역자와 식사를 하면서 심층적인 이야기를 나눠 볼 것 같습니다. 그것이 부교역자의 가정과 인생, 사역을 존중하는 자세이기 때문입니다. 더불어 담임목회자와 함께 교회를 세울 수 있는 사람인지, 지향점·목회 방식은 비슷한지 확인할 시간이 필요하기 때문입니다.

**최병락** 。 강남중앙침례교회에 부임할 때 아무도 사임하지 말라고 이야기했고 지금까지 대부분 함께하고 있습니다. 교회에서 오랜 기간 사역한 부교역자들에게 배울 것이 있다고 생각했기 때문입니다. 또한 부교역자의 진가를 단번에 파악하기도 어렵기 때문입니다. 그렇기에 윤리적으로 치명적인 문제, 목회자로서 용납할 수 없는 문제가 있는 경우가 아니라면 함께하는 것도 좋다고 생각합니다.

> **부임 후, 얼마 지나지 않아서 교회 리모델링이나 건축을 하는 목회자들이 많습니다. 이에 대해서는 어떻게 생각하십니까?**

**최병락** 。 교회 리모델링이나 건축이 부흥과 성장에 도움이 되지만 부흥과 성장을 목적으로 하는 것은 위험합니다. 성장하기 때문에 어쩔 수 없이 건축하는 것은 좋지만 성장을 위한 돌파구를 마련하려고 건축하는 것은 다시 생각해 봐야 합니다. 건축이나 리모델링이 교회 성장을 보장하는 것도 아니고 더 큰 부담과 빚이 생길 수도 있기 때문입니다. 그렇기에 부임 후에는 있는 공간을 최대한 활용하고, 성도들의 마음이 준비 될 때까지 기다리는 것이 좋습니다.

저의 경우 강남중앙침례교회에 부임한 첫 해부터 건축이 시작되었습니다. 이는 제 의지가 아니라 원로목사님과 성도들이 이미 10년 동안 건축을 기도하고 헌금하며 준비했기에 가능했던 것입니다.

**김관성** 。  교회를 건축하면서 탈이 나는 경우가 적지 않습니다. 그래서 개척하거나 부임하면서 예배당을 짓지 않겠다고 하는 분들도 많습니다. 하지만 목회를 하다 보면 공간의 문제는 생각보다 중요합니다. 교회가 성장할 때 공간 문제가 가장 큰 이슈가 되기도 합니다. 교회를 리모델링하거나 건축하는 것은 어느 시점에는 반드시 추진해야 하는 일입니다. 그렇기에 부임 후에 교회 리모델링을 하거나 건축을 하는 것에 대해서 부정적으로만 바라보는 시각은 지양해야 한다고 생각합니다.

담임목사와 원로목사의 갈등으로 어려움을 겪는 교회가 적지 않습니다. 이 관계를 위해 담임목사는 어떤 노력을 해야 할까요?

**최병락**。  원로목사님이 먼저 배려해 주시는 자세가 필요합니다. 교회와 어느 정도 거리를 두고, 부임한 목사가 자유롭게 목회할 수 있도록 간섭하지 않는 노력이 필요합니다. 아무래도 성도들에게는 오랫동안 사역하신 원로목사님의 영향력이 크기 때문입니다.

담임목사는 특별히 언어를 조심해야 합니다. 원로목사님이 지금까지 해 오신 목회에 대해서 부정하는 말을 하지 말아야 합니다. 저는 성도들에게 "한국의 영성을 일으키신 1대 목사님, 지성으로 한국 교회를 이끈 2대 목사님 덕분에 저는 땅 짚고 헤엄치는 것처럼 목회를 쉽게 하고 있습니다"라고 말합니다. 이러한 말로 원로목사님이 용납해 주시는 범위를 넓히고 좋은 분위기를 형성합니다.

**김관성** 。  담임목사와 원로목사님의 관계가 완벽하게 좋은 것은 불가능합니다. 원로목사님 입장에서는 새로 부임한 목사가 목회를 잘해도, 못해도 불편할 수밖에 없습니다. 오랜 기간 지켜왔던 자리를 떠난 분이 갖는 정서적 결핍, 아쉬움을 해결하기가 쉽지 않기 때문입니다.

담임목사 입장에서 다음과 같은 실수를 할 수도 있습니다. 처음 교회를 개척해서 조금씩 성장할 즈음에 강남에서 은퇴를 앞둔 목사님 교회와 합병을 한 적이 있습니다. 목사님은 1년만 사역을 하고 떠나기로 하셨는데, 합병 후 하나부터 열까지 맞는 것이 없었습니다. 그래서인지 "목사님! 그렇게 하시면 안 됩니다"라는 말을 많이 했고 원로목사님을 가르치려고 했습니다. 원로목사님과 사모님 입장에서 상처가 될 수밖에 없었습니다. 그 결과 합병이 깨지고 다시 개척했던 곳으로 돌아와야 했습니다. 이러한 모습을 반면교사 삼아 원로목사님과 관계를 잘 맺어 가면 좋겠습니다.

중요한 것은 좋은 관계란 어느 한 쪽이 잘한다고 만들어지는 것이 아니라는 것입니다. 양쪽 모두 성숙한 모습을 보일 때, 리더십 이양이 평안하고 아름답게 이뤄질 수 있습니다.

## 부임 후 가장 중심을 둬야 하는 사역은 무엇일까요?

**김관성** 。 설교입니다. 목회자의 설교에 교인들이 은혜 받지 못하면 어떤 사역을 하더라도 힘을 받지 못하게 됩니다. 반면 다른 것들은 어설퍼도 설교가 영혼을 깨우고 은혜를 끼치면 교인들이 더 큰 지지를 하게 됩니다.

이를 위해서는 무엇보다 성도와 관계를 잘 맺어야 합니다. 아무리 준비가 잘된 설교라도 관계에 실패하면 감동을 줄 수 없기 때문입니다. 설교를 뛰어나게 하는 교역자가 있어도 교인들은 이상하게 그분보다 다른 분의 설교에 더 큰 은혜를 받습니다. 주해도 전달력도 그분만 못하지만 평상시 성도들과 관계가 좋기 때문입니다. 이분이 설교할 때는 마음을 열고 듣기에 은혜를 더 많이 받는 것입니다.

**최병락** ○  부임 후 가장 중요한 사역은 예배입니다. 성경 공부, 소그룹은 참석하지 않는 성도라도 예배만은 참석하기 때문입니다. 그렇기에 예배가 가장 중요하고, 그 예배를 은혜롭게 하는 것이 부임한 목회자가 연착륙하는 데 무엇보다 도움이 됩니다.

한편, 성도들이 부임한 목회자에게 가장 궁금한 것은 "저 분이 어떤 분인가"입니다. 그래서 처음에는 자신을 소개할 수 있는 간증적 설교가 필요하다고 생각합니다. 저의 경우도 강남중앙침례교회에 부임해서 간증 부흥회를 했습니다. 시골에서 태어나 나무하며, 소 먹였던 이야기부터 중생, 소명, 목회 이야기까지 들려줬는데 이를 통해 성도들이 저를 친근하게 느끼게 됐습니다.

## 부임 첫 설교가 부담이 된다는 말을 많이 합니다. 어떻게 해야 할까요?

**김관성** 。 부임 첫 설교는 자기 존재 신학이 담겨 있는 메시지를 전해야 한다고 생각합니다. 저의 경우 울산에 개척해 처음 설교를 할 때, "형제들아 서로 사랑하자"라는 메시지를 전할 것입니다. "부족하고 연약해도 우리 공동체가 서로 사랑하면, 생명수가 어디론가 흘러갈 것이고, 생명수가 흐르는 공간에 물고기가 찾아오듯이 자연스럽게 사람이 모이고 교회가 세워지는 일이 일어납니다"라고 선포할 것입니다.

**최병락** 。 자기가 추구하는 목회 키워드를 갖고 설교하는 것이 좋습니다. 저는 강남중앙침례교회 청빙 수락 설교를 하면서 "아! 은혜"라는 설교를 했습니다. 제 삶에 하나님의 은혜가 왜 중요할 수밖에 없었는지, 미국에서 목회하면서 겪었던 하나님의 은혜를 간증하며, 은혜의 목회를 하고 싶다고 선포했습니다.

## 부임 후 교회 리더십과 관계를 맺을 때 유의해야 할 점은 무엇입니까?

**김관성** 。   목회자가 대화 자체를 너무 주도하는 것을 조심해야 합니다. "목회를 이렇게 하겠습니다"라기보다는 리더십의 이야기에 경청하는 자세가 필요합니다. 그분들이 교회를 사랑하고 아끼는 마음이 있다는 것과 목회자보다 교회에 대해 더 많은 지식을 갖고 있다는 것을 인정해야 합니다.

**최병락** 。   표현의 욕구가 성취의 욕구보다 강합니다. 운영위원회를 해도 자신의 의견을 관철시키기 위해서라기보다는 생각을 표현하고자 의견을 내는 비율이 높습니다. 이런 의견에 대해서는 일단 좋은 아이디어이니 어떻게 적용할지 생각해 보겠다고 한 다음 회의가 끝난 후에 "장로님, 지금 당장 해야 하는 것은 아니죠?"라고 하면 대부분은 "그럼요. 몇 년 걸려도 상관없습니다"라고 말합니다. 표현의 욕구가 해소되니까 마음이 너그러워진 것입니다. 이처럼 장로님이 어떤 이야기를 할 때 책임감 때문에 "안 된다"는 말을 너무 일찍 하지 말고, 의견을 들어 주는 것이 필요합니다.

## 새로 부임한 목회자들을 위해 격려의 말씀을 남겨 주세요

**최병락** 。  조건을 보고 청빙을 수락하면 안 됩니다. 조건이 달라 지면 불만 속에서 목회하게 됩니다. 불만이 농축되어 설교에 드 러나게 됩니다. 그렇기에 청빙도 목회자로의 소명만큼 중요합니 다. 하나님이 그곳으로 부르셨다는 것을 확신할 때까지 시간을 충분히 두고 점검해야 합니다

**김관성** 。  최병락 목사님은 강남중앙침례교회라고 하는 대형 교 회를 부임한 목회자를 대변하고, 울산에 새로 개척하는 저는 작 은 교회 목회자를 대변한다고 생각합니다. 제가 대형 교회에 부 임하는 목회자를 격려하는 마음으로 최 목사님을, 최 목사님은 작은 교회에 부임하거나 개척하는 목사님을 격려하는 마음으로 저를 격려하면 좋겠습니다.

**최병락** 。  김관성 목사님은 매력덩어리입니다. 누구와도 가까워 질 수 있는 친화력, 분위기를 반전시킬 수 있는 유머 등 장점이 많습니다. 고향이지만 낯선 타지가 될 수 있는 울산에서도 그 매 력을 잃지 않으면 좋겠습니다.

**김관성** 。  친한 친구로서 최병락 목사님을 보면서 '강남중앙침례

교회 담임목사라는 무거운 책임감을 어떻게 견딜까?'라는 생각
에 안타까울 때가 많습니다. 남들은 '영향력을 미치는 목사가 됐
으니 좋겠다'고 할 수도 있지만, 수많은 이의 기대를 충족시키는
일은 결코 쉽지 않습니다. 그래서 최 목사님이 교회를 성장시켜
야 한다는 압박감에 시달리지 않으면 좋겠습니다. 무엇보다 건강
하면 좋겠습니다. 또한 목회적으로나 인격적으로 충분히 잘 하고
있다는 것을 잊지 말고 지금처럼 귀한 교회를 세우는 친구로서
남아 주기를 바랍니다.

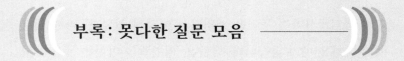

## ■ 회복에 관하여

> 목회의 진전이 없는 것처럼 느껴집니다. 영적인 침체를 어떻게 뚫고 나가면 좋을지요.

**최병락** 。　기다림도 훈련이고 영성입니다. 목회자가 영적 침체를 겪는 가장 큰 이유는 목회의 진전이 없기 때문입니다. 그때 가장 중요한 것은 일탈하지 않는 것입니다. 목회자의 침체는 반드시 시간과 함께 극복되지만, 그때를 어떻게 보냈느냐가 목회하는 평생 자기 간증이 됩니다. 하나님과 씨름하고, 묻고, 울고, 성경을 읽는 등 침체 극복을 위한 모든 노력을 다 하는 것이 중요합니다. 하지만 극단적인 경우는 침체기에 죄를 짓거나, 성도의 삶에 합당하지 않는 일탈을 하는 경우가 있습니다. 매우 조심해야 합니다.

목회의 진전 여부는 하나님의 손에 달려 있음을 기억해야 합니다. 내 눈에 멈추어 있어 보여도, 하나님의 일이 멈춘 것이 아님을 신뢰해야 합니다. 바울이 로마 감옥에 있을 때 손발이 묶여 있었지만, 오히려 복음 전파의 진전이 되었다고 빌립보서 1장 12절에 기쁨으로 고백한 것처럼, 하나님이 멈추신 적은 없기 때문입니다. 영적 침체의 시간은 하나님을 새로운 시각으로 깊이 있게 만나는 시간입니다. 헤엄칠 힘이 없을 때는 흐르는 물에 자기의 몸을 맡기고 떠내려가는 것이 살길인 것처럼, 하나님께 자신을 완전히 맡기는 훈련을 하는 것이 중요합니다. 모세가 40년 간 광야를 헤맨 시간은 앞으로 40년 간 백성을 이끌기 위해 광야를 익힌 시간이었습니다. 그는 몰랐지만 하나님은 알고 훈련시키신 것입니다.

**김관성** ◦ 우리 시대의 목회는 항상 영적 침체와 함께 하는 것이라 생각합니다. 자신이 감각하거나 느낄 수 있는 어떤 열매를 추구하고 달려가는 것은 영혼에 더 큰 상처를 안길 수 있습니다. 늘 열매가 없는 것처럼 느끼는 날들이 대부분인 것이 목회입니다. 그런 날들에 익숙해지고, 견딜 수 있어야 합니다. 경건에 대한 훈련을 탄탄하게 해 나가는 것이 삭막한 상황을 견디는 방법입니다. 하나님의 인도하심을 받는 자기 나름의 분명한 경건의 습관이 그 시간을 견딜 수 있게 해 준다고 생각합니다. 다른 어떤 것으로는 그 시간을 통과하기 어렵습니다.

> 번아웃이 찾아왔습니다. 무기력하고 아무 것도 하기 싫습니다. 잠수를 타거나 목회 자체를 그만두고 싶은 마음도 듭니다. 그래도 매주 찾아오는 설교 일정과 교회 행사를 감당해야 합니다. 어떻게 해야 할까요?

**김관성.** 교회에 양해를 구하고 쉴 수 있으면 제일 좋습니다. 번아웃이 왔을 때 그것을 영적으로 돌파하려고 하면 탈이 생길 수 있습니다. 번아웃의 원인은 영적인 것이라기보다 육체가 지쳤다든지, 마음에도 체력이 있는데 그 체력이 다한 겁니다. 그 순간은 쉬는 것을 인위적으로 확보하지 않으면 망가질 수 있습니다. 여기에 신앙의 진심을 넣어 경건으로 더 나아가면 더 번아웃 될 수 있습니다. 물리적으로, 심적으로 쉴 수 있는 시간과 환경을 만드는 게 가장 좋습니다.

**최병락.** 목회의 우선순위를 다시 점검하는 것이 중요합니다. 목회자의 가장 중요한 기능이 설교라고 한다면, 설교를 가장 마지막 순서에 놓고 다른 목회적 기능을 적어 봅니다. 그리고 그 내용들을 하나하나 분류해 봅니다. '당장 하지 않아도 되는 것', '내가 하지 않아도 되는 것', '아예 할 필요가 없는 것'들을 지워 가기 시작합니다. 그리고 마지막에 남는 한두 가지에 집중하다 보면 삶에 여유가 조금 찾아옵니다. 많은 사역도 하고 설교도 하려니 번아웃이 오는 것입니다.

짐 콜린스의 조언처럼 "급한 일을 하지 말고 중요한 일을 먼저" 해야 합니다. 목회 탈진의 대부분은 설교 분량에서 오기보다는 설교 준비를 방해하는 다른 많은 일들 때문에 생깁니다. 목회자는 오히려 설교를 함으로 힘을 얻을 때가 많습니다. 그것이 채워지지 않을 때 탈진과 번아웃이 오기 때문에 설교를 쉬는 것보다 다른 일들을 먼저 쉬면서 말씀 전하는 일과 기도하는 일에 전무하는 삶의 우선순위 조절이 필요합니다. 그래도, 변함없이 부담에서 벗어나지 못한다면, 교회에 요청하여 일정한 기간 쉼과 회복을 가지는 것이 중요합니다. 번아웃은 보통 '예스 맨'들에게 잘 찾아옵니다. '노'라고 말할 줄 아는 목회자가 될 때, 더 중요한 것을 할 시간이 생기게 됩니다.

> 기계의 부품과도 같이 여기는 교회의 여러 처우로 인해 제가 보잘것없고 무가치하게 느껴집니다. 저를 어떻게 보호할 수 있을까요?

**최병락** 。  자존감은 대우로 인해서 달라지지 않습니다. 오히려 자존감은 대우와 환경을 극복하는 힘이라고 생각합니다. 환경이 개선되는 것이 물론 중요하고 교회가 목회자를 기능인이 아닌 부름받은 주의 종으로 대우하는 것이 필요합니다. 그런데 그렇지 못한 곳에 내가 있더라도, 그 환경이 나를 무너뜨릴 수 없도록 스스로의 자존감을 높이는 것이 중요합니다.

저의 경우 그런 대우를 받을 때 스스로에게 말합니다. "최병락은 이 정도로 무너질 초라한 존재가 아니다." 목회자의 자존감을 떨어뜨리는 일은 수도 없이 많습니다. 어느 교회, 어느 사역을 해도 마찬가지입니다. 어떤 환경에 처해도 이길 자존감을 스스로 키울 필요가 있습니다.

이를 위해 필요한 것이 있습니다. 첫째는 분명한 목회 소명입니다. 누가 무슨 말을 해도 나는 부름받은 주의 종이라는 소명감이 환경을 이기게 해 줍니다. 둘째, 내공을 쌓는 것입니다. 남들에 의해 내 점수가 매겨지지 않을 정도로 내공을 많이 쌓아 두면, 들리는 말에 스스로 속지 않게 됩니다. 셋째, 자기의 한계에 스스로 도전해 보는 자세가 필요합니다. 하나님은 초라한 사람을 불러서 쓰시지만, 그 누구도 초라하게 쓰시지는 않습니다.

**김관성** 。 우리 사역의 가장 중요한 것은 사역을 감당하는 그때도 복음의 내용과 정신을 붙잡는 것입니다. 주님께서 나를 용납해 주셨다는 것을 기억해야 합니다. 주님께서 효율이 있고, 능력이 있고, 의미 있는 성취가 있어야만 우리를 사랑하시는 게 아닙니다. 이미 나는 그리스도 안에서 용납받은 존재입니다. 그 복음 안에 담긴 하나님의 마음을 지속적으로 깊이 묵상할 때 자존감 문제가 자연적으로 해결된다고 생각합니다. 사람들에게 박수받는 자리를 통해 인위적으로 자기 존재감을 올리려고 하면 끊임없이 오르내릴 수밖에 없습니다. 사람들이 알아주지 않는 곳에 내처져 있다 하더라도, 의미 없어 보이는 사역을 한다 할지라도 복음의 정신과 내용을 묵상하고 붙잡아야 합니다.

> 사역하는 교회가 좋지 않은 모든 조건을 갖추었습니다. 그래도 적절한 시간은 채우고 사임하는 것이 좋을까요, 결단하고 다른 교회를 찾는 것이 좋을까요?

**최병락** ∘ 그 교회가 나를 필요로 하는가가 중요한 것 같습니다. 모든 안 좋은 조건을 갖춘 교회라면 사역자의 사임 여부도 크게 신경을 쓰지 않을 확률이 높으니, 내가 사임을 하더라도 안타까워하거나 적극적으로 만류하지 하지 않을 수 있습니다. 최소 목회 기준은 1년 단위가 가장 바람직하겠지만, 교회의 상황에 따라 도중에 사임을 해도, 오히려 교회에서 더 좋아하는 경우가 있기 때문에 솔직히 담임목회자와 이야기를 나누는 것이 좋습니다. 일방적인 사임 결정은 본인이 좋지 않은 사역자임을 증거하기 때문에 그 사임도 정당화될 수 없습니다. 절차를 따라 담임목회자와 이야기를 나누면 사임 날짜의 조절은 언제든지 가능합니다.

**김관성** 。  어느 교회에 담임목사로 부임하는 것은 결혼 관계와 비슷하다고 생각합니다. 아무리 상황이 악화되더라도 교회가 목회자를 내치지 않는 한, 한 번 마음먹고 부임한 교회를 자기의 커리어나 더 나은 목회적인 환경을 위해 떠나는 것은 좋지 않은 자세라고 생각합니다. 악조건인 곳에서 아무런 열매를 맺지 못하더라도 목회자 쪽에서 먼저 떠나는 것은 옳지 않다고 생각합니다.

> 경제적, 정서적, 영적 문제 등 개인적인 어려움을 기도 제목이나 설교를 통해 성도들과 공유하지 않는 것이 좋을까요?

**최병락** 。  육체적인 질병이 아니라면, 목회자가 겪는 현재의 문제는 가급적 공유하지 않는 것을 추천합니다. 동일한 고통의 시간을 보내는 성도들에게 도움되도록 설교의 문맥에 맞게 이전에 겪었던 고충을 전하는 것은 좋은 일입니다. 하지만 현재의 문제를 성도들에게 공유했을 때는 얻는 것보다 잃는 것이 더 많습니다. 만약 문제를 공유하더라도, 영적으로 성숙한 대처의 모범을 보여 주는 것이 좋습니다. 그렇지 않고 믿음 좋은 성도들도 보이지 않는 낮은 수준의 반응을 목회자가 보인다면 큰 결점이 되어 목회에 어려움을 더합니다. 목회자는 다른 목회자들과 고충을 나누면서 이겨 나가는 것이 가장 좋습니다.

**김관성**。   저는 솔직함보다 더 큰 무기는 없다고 생각합니다. 의외로 성도들은 목회자의 연약한 부분, 정서적으로나 신앙적으로나 지금 현재 하나님 앞에서 온전히 서 있지 못한 부분들이 진실하게 공개될 때 기쁘게 반응하는 것 같습니다. 오히려 위선적일 때는 비판적인 마음이 생기는 것 같습니다. 나는 안 그런 것처럼, 온전한 존재인 것처럼 말할 때, 그러한 위선적인 말과 다른 행동을 하는 이중적인 모습을 보일 때 불편하게 느낄 것입니다. 목회자가 연약한 모습을 보여 준다면 오히려 목회자를 위해 성도들이 기도해 준다고 생각합니다. 그래서 저는 성도들과 기도 제목을 나누는 것이 좋다고 생각합니다.

> ## 스트레스를 해결하는 목사님들만의 노하우를 가르쳐 주세요.

**최병락** 。   저는 커피숍에서 책을 읽는 것으로 스트레스를 풉니다. 가장 효과적인 방법이었습니다. 커피를 좋아하고, 독서를 좋아하니, 커피숍에서의 독서는 그야말로 최적의 휴식이었습니다. 재즈 음악을 좋아하기 때문에 재즈가 나오는 커피숍을 알아두었다가 그곳으로 가면 가장 좋아하는 세 가지를 한 잔의 커피 값으로 얻을 수 있습니다. 밝은 재즈는 여행지에 온듯한 느낌을 줍니다. 일상에서 잠시 벗어나는 경험은 정신적 이완을 도와줍니다. 당연히 사역과 연결되어 있는 핸드폰, 노트북 등의 기기를 가지지 않고 책 한 권을 들고 가야 합니다. 온전히 혼자 있는 시간을 만들어야 합니다. 잠시 여행을 다녀온 느낌은 저에게 활력을 줍니다.

**김관성** ◦ 개인적으로는 일단 잠니다. 스트레스를 받는 상황을 해결해 보려고 집중하면 할수록 더 스트레스를 받는 것 같습니다. 스트레스가 올 때는 자신이 좋아하는 것, 자신만의 방법을 찾는 게 좋을 것 같습니다. 저는 사람들과 수다를 떨고 웃으면 또 스트레스가 해소됩니다. 누군가를 웃길 때 제 존재감이 발산되고 스트레스가 해결됩니다.

## 목회자의 회복에 도움이 되는 운동을 추천해 주세요.

**김관성** ◦ 개인적으로 제일 좋은 운동은 걷기라고 생각합니다. 뛰기는 묵상이 안 됩니다. 숨이 차고 힘들어서 생각을 하기 힘듭니다. 걸을 때 생각이 정리되고, 기분이 상쾌해지고, 묵상도 되고, 몸도 가벼워집니다.

**최병락** 。 기도, 채움이 동시에 일어나는 운동이라면 모두 추천합니다. 달리면서 설교 및 성경을 귀로 듣거나, 설교 시간에 사용할 새로운 찬양을 들으면 유익합니다. 자전거를 타면서도 마찬가지입니다. 축구나 테니스 등 상호 작용이 필요한 운동은 채움과 운동을 동시에 할 수 없어 아쉬운 부분이 있습니다.

레너드 스윗 박사는 "뉴스를 보면서 중보기도를 하라", "러닝머신 위를 달리면서 설교를 들어라" 등 목회자의 삶을 사역과 연결하는 법을 소개하기도 했습니다. 좋은 아이디어라고 생각합니다.

## ■ 목양(심방, 교육, 교회 운영 등)에 관하여

> 퇴근 없는 삶이 가장 힘듭니다. 성도들의 요청에 24시간 반응해야 하나요?

**최병락** 。 지혜가 필요합니다. 무조건 필요에 반응하기보다, 요청이 왔을 때 가능한 시간대를 다시 물어보면 대부분 조정이 가능합니다. 저도 처음에는 전화가 오면 바로 달려갔는데 막상 도착해 보면 그렇게 급하지 않은 일들이 대부분이었습니다. 그 다음부터는 말씀을 준비하는 중에 전화가 오면, 추후 일정한 일시에 방문해도 되느냐고 묻습니다. 당연히 가능하다는 말을 합니다. 그때부터 우선순위를 정해 놓고 급한 일보다 중요한 일을 먼저 하려고 합니다. 물론, 항상 긴급하게 달려가야 할 응급 상황은 예외입니다.

**김관성** 。 저는 목회자가 개인의 삶이나 자아실현을 위해서 부름받은 사람이 아니라고 생각합니다. 목사로 부름받았다면 만남이나 상담 등 성도의 어떤 요청이라도 기쁨으로 받아들여야 합니다. 당연히 힘들겠지만 그것을 감당하는 것이 목회자의 본분이라고 생각합니다. 24시간, 언제 어느 때라도 출동 대기 상태로 있어야 한다고 생각합니다. 양치기는 양을 위해 존재하기 때문입니다.

## 성도와의 거리, 친밀한 게 좋나요? 적절하게 유지하는 것이 좋을까요?

**김관성** 。 시간이 지나면 자신들을 목양하는 목회자가 어떤 존재이며 어떤 사람인지 다 드러난다고 생각합니다. 거리를 둬 봐야 다 알게 됩니다. 너무 가까이 가면 데이고, 너무 멀리 가면 추워진다는 난로론을 이야기하며 적절한 거리를 유지하는 것을 말하는데 저는 반대입니다. 한 권속, 가족으로 부름받았기 때문에 나눌 수 있는 모든 이야기를 친밀하게 나누고, 그 어떤 이야기도 진심으로 용납, 수용하는 관계로 발전해 가야 한다고 생각합니다.

**최병락** 。 친밀함이 떨어지지 않을 만큼 적절한 거리를 두어야 합니다. 가까운 것과 친밀한 것은 차이가 있습니다. 가까이 지내면서 허물이 드러나 오히려 난처해지는 경우가 많습니다. 적당한 거리를 유지하면서도 서로 친밀하다는 느낌을 가질 수 있는 방법을 찾아야합니다. '적당한 거리'라는 기준은 절대적인 것이 아니라 사람마다 다르기에 목회자가 시행착오를 통해서라도 찾아야 합니다. 가까워도 허물이 드러나지 않고 실수하지 않을 자신이 있다면 좋겠지만 그럴 수 있는 사람이 과연 몇이나 될까요? 성도는 열 번의 완벽함보다 한 번의 실수를 더 오래 기억합니다.

> 너무 자주, 너무 많은 시간을 요구하는 성도가 있습니다. 한
> 사람에게만 시간을 다 내어줄 순 없는 노릇입니다. 어떻게 지
> 혜롭게 대처할 수 있을까요?

**최병락**。  교구 담당 사역자들에게 늘 강조하는 부분입니다. 요구가 있는 곳만 찾아가지 말고 필요가 있는 곳을 찾아가서 공평하게 심방을 하라고 강조합니다. 요구를 자주하고 목회자를 독점하려는 성도 중 실제로 목회자가 긴급하게 필요로 해서라기보다는 작은 일에도 목회자를 찾는 습관 때문인 경우도 많습니다.

더 많은 경우, 급한 일을 만나도 다른 성도를 위해 시간을 배려하고 포기하는 성도들이 많습니다. 목회자는 누가 더 큰 문제를 가지고 있는지를 잘 살펴, 요청하는 곳보다는 진짜 가야 할 곳을 파악하는 것이 중요합니다. 너무 자주 심방을 요구하는 성도에게 다른 성도와 만남이 있다고 솔직하게 이야기를 하고, 그럼에도 관심이 식지 않았음을 알려주는 지혜가 필요합니다. 만남이 조금씩 줄어들면, 그 사람도 익숙해져서 이전만큼 찾지 않는 것을 많이 경험했습니다.

**김관성** 。  저는 보통 거절을 잘 안 합니다. 가급적이면 만나자고 하는 횟수를 다 만나려고 애를 씁니다. 사람이 아주 비양심적이지 않습니다. 성도들을 계속 만나면 그쪽에서 만남을 자제하게

됩니다. 그게 저의 목회적인 경험입니다. 성도들의 갈급함, 임계점이 채워지면 안 만나도 되는 시점이 옵니다. 그때까지는 목회자가 인내하면서 계속해서 만나는 게 올바른 자세라고 생각합니다.

> 갑작스런 심방이나 즉흥 설교를 해야 할 때가 있습니다. 기본적으로 설교문을 준비해 두어야 하나요?

**최병락** ○   성도들의 삶이 대동소이합니다. 여러 편의 다양한 설교를 준비해 두고 응용하는 편입니다. 그때그때 준비하는 것이 아닌 결혼, 장례, 개업, 질병, 가정 문제 등으로 심방할 때 적절한 설교를 동일하게 사용하되, 그 상황에 맞는 내용을 첨가하여 전하는 편입니다. 심방을 가자마자 말씀을 전하지 않고 충분히 그 가정의 이야기를 듣고 설교하는 편이라서 그분들의 이야기를 설교에 녹여 낼 수 있습니다.

**김관성** ○   평상시에 목회자가 성경 읽고, 큐티하고, 기본적인 성경 연구에 충실하면 심방 설교 정도는 5분 전에라도 만들어 내는 능력이 갖추어집니다. 설교하고 심방하는 것은 목회자의 전문적인 일인데 그 부분이 준비되지 않는다면 목회를 지속적으로 이어

가기 어렵다고 생각합니다.

설교할 기회가 많지 않은 목회 초년병이라면, 설교에 대한 두려움이 큽니다. 실습 외에 추가적으로 도움이 될 만한 노하우가 있는지 궁금합니다.

**김관성** ◦ 저는 설교할 기회가 없을 때 가족들을 앉혀 놓고 설교의 어떤 단락이나 제가 생각하는 중요한 부분을 설교하곤 했습니다. 그리고 아내와 아이들에게 피드백을 받았습니다. 또 혼자 산이나 들 같은 아무도 없는 곳에 가서 편안하게 설교를 연습하기도 했습니다. 사실 좋은 설교는 어떤 임계량이 차야 가능하다고 생각합니다. 좋은 책을 꾸준히 많이 읽고, 좋은 설교를 계속해서 듣는 습관이 중요합니다.

**최병락** ◦ 본인이 가장 닮고 싶은 설교자를 모방하는 연습이 도움됩니다. 좋아하고 모방하다 보면 그 설교자의 신학적 관점과 성경을 보는 눈도 자연스럽게 몸에 뱁니다. 그러면 성경 본문의 해석이 쉬워지고 어떻게 설교를 풀어 가야 할지 자연스럽게 보이기 시작합니다. 그 후에 자기 장점이 자연스럽게 첨가되면 자기만의 설교 세계가 구축됩니다.

설교의 두려움은 많은 설교를 통해 극복되기 때문에 지나치게 염려할 필요는 없습니다. 그보다 설교를 잘하기 위해서는 설교자의 창고가 채워져 있어야 합니다. 많은 독서와 자료 정리, 성경 전체를 보기 위한 다독 등의 준비가 중요합니다. 준비된 자신감은 설교의 두려움을 극복하는 가장 좋은 방법입니다.

> **설교 전문을 암기해서 하려고 노력하지만, 연습만큼 잘 되지 않습니다. 설교를 암기하는 것이 필요한가요?**

**최병락** ○  설교를 일찍 준비하면 그만큼 다듬고 암기하는 시간이 확보됩니다. 여러 번 다듬는 동안 설교문이 자연스럽게 숙지됩니다. 완벽하게 암기는 못하지만, 슬쩍 원고를 보아도 한 단락의 전체 내용을 암기하듯 청중의 눈을 보면서 전달할 수 있습니다.

또한 전문을 암기할 필요는 없습니다. 원고를 보고 읽어도 구어체로 준비된 설교문은 성도들의 귀에 잘 들어오고, 다 암기하여 성도들의 눈을 보고 설교해도 문어체로 준비된 설교문은 성도들에게 잘 들리지 않습니다. 구어체식 설교문을 작성하고 가능한 많이 읽어 자연스럽게 숙지하고 적당히 원고를 보면서 전달한다면 완벽히 숙지한 것보다 더 잘 전달할 수 있습니다. 성도들은 원고에 몇 번 눈이 갔는지 관심을 가지지 않습니다. 문맥이 자연스럽고 구어체로 전달되면 그것만으로 충분합니다.

**김관성** 。 설교는 상대방을 향해 말하는 건데, 암기를 해서 말을 걸 때는 상대방을 향하지 못하고 한 편에 매여 있게 됩니다. 그래서 원고의 글자들에 매인 설교로는 큰 효과와 영향력을 기대하기 어렵습니다. 설교자에게 충분히 숙지되어 녹아 있어야 자연스럽게 나온다고 생각합니다. 기본적인 성경 내용과 자신이 해야 할 설교를 숙지하고 있으면 굳이 암기를 안 해도 된다고 생각합니다.

> 담임목사 혼자서 감당해야 할 교육이나 상담이 있을 때 주의해야 할 점은 무엇인가요?

**김관성** 。 모든 것을 혼자서 다 하다 보면 자기도 모르게 자신이 교회의 주인이라는 생각이 듭니다. 내가 제일 많이 수고하고 고생하는 사람이라는 생각이 드는 것, 그리고 그에 따른 대가를 물질이나 영향력으로 가지려는 마음이 드는 것을 조심해야 합니다.

**최병락** 。 저는 이성 성도를 상담할 때는 항상 아내와 함께 하고, 그렇지 못한 상황에는 부사역자를 대동합니다. 부사역자가 함께 있는 것을 싫어한다면 상담을 거부합니다. 항상 문을 열어 두어 내용은 듣지 못하지만, 상담하는 모습을 볼 수 있도록 해서 위험 요소를 제거합니다.

여 성도와는 3명 이상일 때만 함께 탑승합니다. 운전을 할 때 옆자리에 이성은 태우지 않습니다. 여 성도의 상담은 가능하면 아내에게 부탁을 합니다. 여 성도에게 칭찬을 할 때도 외모에 대한 언급이나 성적인 농담은 철저히 삼갑니다. 여 성도의 헤어스타일이 바뀌었다면, "헤어스타일 바꾸셨네요 잘 어울리십니다"라는 칭찬은 가능하지만, "집사님 너무 아름다우셔요. 매력적입니다"라는 오해할 수 있는 발언은 금물입니다. 성도를 칭찬할 때 남들과 비교하여 칭찬하지 않습니다. "집사님은 아주 깨끗하고 깔끔하시군요. 저희 집은 지저분한데"라는 식의 칭찬 아닌 칭찬을 해서, 아내에게 불만이 있는 것을 은근슬쩍 표현해 가정에 다른 이성이 틈타는 여지를 차단해야 합니다.

여 성도와 상담을 할 때는 절대로 신체적 접촉을 금하고, 깊은 이성적 상담은 미리 말해 주어 금하게 합니다. 많은 장치를 만들어 둘 필요가 있고, 성도들이 심방을 왔을 때 그 원칙을 말하기보다, 미리 미리 기회가 있을 때 상담 원칙을 말해줌으로 아예 성도들이 그런 마음을 가지지 않도록 미연에 방지합니다.

> 작은 개척교회라 중직이 없는데 교회 의사 결정 그룹을 어떻게 선정하는 것이 좋은가요?

**최병락** ◦   개척 초기에 중직이 없어서 운영위원회를 구성한 적이 있습니다. 남자 한 명, 여자 한 명, 노인 한 명, 청년 한 명 그리고 담임목회자로 구성해 의사를 진행했습니다. 임기는 1년이었고 목회자가 필요하다고 판단할 때는 연임하게 했습니다.

**김관성** ◦   개인적으로는 교회가 어느 정도 성장하고 기본적인 운영위원회가 형성될 때까지는 담임목사가 전권을 가지고 운영하는 게 맞다고 생각합니다. 너무 작은 사이즈에서 많은 의사 결정 주체를 세워 놓다 보면 방향성이 혼란스러워질 수도 있고, 교회 기틀을 세우는 데 어려움이 생기기도 합니다. 오히려 목회자가 하나님 앞에서 기도하면서 교회의 방향이나 기조를 만드는 게 좋다고 생각합니다.

> 요즘 신앙 있는 청년들도 가치관의 혼란을 겪는 경우가 많습니다. 청년들에게 연애, 결혼, 경제 문제 등에 관해 어떻게 성경적으로 권면할 수 있을까요?

**최병락** ◦   저는 우리 교회 청년들에게 건강한 교제의 가이드라인을 줍니다. '첫째, 교회 안에서 자유로운 이성 교제를 하라. 조건만 따져서 교회 밖에서 믿지 않는 사람을 찾는 것은 좋지 않다. 가장 믿음 좋은 배우자는 교회 안에 있을 확률이 높으니 교회 안에서 배우자를 찾는 것이 좋다.' 어떤 교회는 교회 안에서 이성 교제를 못하게 하는데, 청년들의 미래를 막는 일이라고 생각합니다. '둘째, 교회에서 이성 교제를 하되 몰래하지 말고, 반드시 나를 찾아와 기도를 받고 이성 교제를 시작하라' 공개 연애를 원칙으로 합니다. '셋째, 헤어져도 서로 같은 교회를 다니기 불편할 정도로 깊이 있게 사귀지 마라.' 헤어져도 한 교회 다닐 수 있는 자신 있는 사람만 교제를 하라고 합니다. 깊은 스킨십으로 인해 헤어지고 서로 얼굴을 볼 수 없는 관계가 되었다면 건강한 이성 교제를 하지 않았다는 증거입니다. 때문에 건강한 이성 교제를 강조합니다. 지금까지는 상당히 효과를 보는 원칙들입니다.

**김관성**。 청년은 원래 신앙의 방황기입니다. 의심하기도 확신하기도 하는 때이며, 비성경적인 사고와 습관을 몸에 가지기도 하는 시기입니다. 그들에게 온전함을 요구하기보다 마음껏 사고하고 말하고 행동하는 것을 용납받는 경험을 교회가 하게 해 주어야 합니다. 의외로 그랬을 때 스스로 방향을 찾는 경우가 많습니다. 교회 문화는 기본적으로 보수적입니다. 마음껏 하라고 해도 청년들 스스로가 자제하고 절제하기에 너무 걱정하지 않아도 됩니다.

## ■ 목회자 개인에 관하여

아직 결혼을 하지 못했습니다. 미혼 목사 정말 불가능한가요?

**김관성** 。 추천하고 싶지는 않습니다. 다양한 삶의 여러 가지 사정과 이유들이 있기에 절대 불가는 아닙니다. 그러나 가급적 결혼을 해 봐야 한다고 생각합니다. 결혼을 해 봐야 자신의 바닥을 볼 수 있고, 청중들의 가장 보편적인 경험을 할 수 있습니다. 그런 경험 없이 청중들 마음에 가까이 다가가는 설교를 하기는 어렵습니다. 그런 차원에서 가급적이면 목회자와 설교자는 결혼을 하는 게 맞다고 생각합니다. 더군다나 그것이 성경적인 원리이기 때문에 목회자인 우리가 그 가르침에 더 충실해야 한다고 생각합니다.

**최병락** 。 특별한 경우에만 가능하다고 봅니다. 여 성도를 대할 때나, 부부의 문제를 해결해야 할 때, 자녀 문제를 도와줄 때 미혼 목회자가 겪는 어려움이 많습니다. 미혼을 고집하면서 일반 목회를 하려는 것은 어려운 일에 스스로 도전하는 것이라고 봅니다. 병원, 군대, 특수 목회 등 미혼에게도 큰 어려움 없는 사역이라면 얼마든지 가능하겠지만, 다양한 세대를 목양할 때는 기혼 목회자가 더 효과적인 사역을 감당할 수 있습니다.

## 목회 일정만으로도 바쁜데, 학위 과정을 시도하는 것이 좋을까요?

**최병락** 。 저는 목회 일정 때문에 학위 과정을 두 번이나 포기한 적이 있습니다. 하나님 앞에 울면서 억울함을 표현하기도 했고, 스스로 괴로운 극복의 시간을 보내야 했습니다. 하지만 목회가 저에게 가장 중요한 우선순위였기 때문에 결정하는 데 어려움은 없었습니다. 결정 후에 괴로움이 컸던 것이지, 정상적인 목회를 감당하기 위해 학위를 내려놓는 것은 저에게 지극히 당연한 것이었고 주저함은 없었습니다. 그 덕분에 목회에 집중할 수 있었고 목회의 열매도 일찍 볼 수 있었습니다. 오히려 그 후에 공부할 시간이 자연스럽게 생겼고, 못다한 공부를 차근히 할 수 있었습니다. 결국 우선순위를 정하는 것이 가장 중요하다고 봅니다.

학위가 목회에 도움이 되기도 하지만, 방해가 되기도 합니다. 목회가 힘들다고 학위라도 받자는 생각으로 공부를 시작하면 목회의 일탈이 됩니다. 목회에 도움이 확실히 된다는 판단이 설 때, 그리고 시간이 허락될 때 하는 것이 가장 효과적입니다.

**김관성** 。 반대합니다. 목회 일정도 바쁜데 학위 과정을 한다는 것 자체가 목회를 자기 수단이나 더 나은 커리어를 쌓기 위한 과정으로 삼고 있다는 증거가 될 수 있습니다. 목회냐 학위냐 할 때는 결단해야 합니다. 저도 박사 과정을 공부하고 싶은 마음은 있지만, 목회 일정이 바쁘기 때문에 그 마음을 내려놓았습니다. 이처럼 둘 중에 한 가지를 선택해서 집중해야 한다고 생각합니다.

목회자로서 검소한 생활이 늘 신경 쓰여 운동이나 헬스, 자기 계발에 투자하는 것에 죄책감이 듭니다. 자기 계발을 위한 투자, 어떤 기준으로 해야 할까요?

**김관성** 。 성도들은 목회자가 부유하게 사는 것을 언짢아하는 것이지 헬스, 테니스와 같은 일반적인 운동과 자기 계발은 오히려 원한다고 생각합니다. 보편적인 수준 이상의 어떤 요소는 당연히 자제해야 한다고 생각합니다.

**최병락** 。 자기 계발은 젊을 때 집중해야 할 분야이고, 운동은 나이가 들면서 집중해야 하는 분야입니다. 젊어서부터 한 번에 모두 하겠다는 것은 욕심이라고 생각합니다. 젊어서 자기 계발을 충분히 해 놓으면 목회에 시너지가 일어납니다.

그런데 50대가 되면 자기 계발보다 더 중요한 것이 체력입니다. 그때는 운동에 시간을 더 투자해야 은퇴까지 달려갈 수 있고, 은퇴 후에도 다른 사역을 이어 갈 수 있습니다. 자기 계발, 운동 등을 사치스러운 것이라고 생각하기보다 목회의 하나라고 생각하는 것이 더 맞습니다. 더불어 자기 계발과 운동이 반드시 목회의 열매로 나타나게 하는 것도 중요합니다. 그 수준은 스스로 판단해서 규모를 정할 수 있으리라 생각합니다.

## 노회나 교단 관련 행사 등 네트워크를 위해 얼마나 참여해야 하나요?

**최병락** ○ '한국 교회에 도움이 되는가?', '다른 교회들에게 도움이 되는가?', '내가 꼭 필요한 자리인가'를 생각하고 그 기준에 합하면 가능한 모두 참석하려고 합니다.

**김관성** ○ 기본적으로 자신이 소속되어 있는 교단, 노회나 지방회가 있다면 회원으로 최선을 다해야 한다고 생각합니다. 그럴 마음이 없으면 소속을 하지 않는 게 좋다고 생각합니다. 우리 시대는 모든 게 개인화되어서 자기 교회, 자기 목회에만 집중하는 경향이 있습니다. 노회나 지방회에 가야지만 어렵게 목회하는 복음의 동지들의 사정도 알고, 그래야 구체적으로 연대하고 서로 돕는 일이 가능해집니다. 목회하는 가운데 부정적인 의미(성적 스캔들, 재정 사고, 권력 남용 등)의 홈런을 치는 분들을 보면 대부분 고립되어 있는 경우가 많습니다. 주변에 건강한 선배들, 후배들, 목회자들이 있을 때 자기 목회도 훨씬 더 건강해진다고 생각합니다.

> 교역자들 간에 갈등 상황이 생겼습니다. 권위에 도전하는 것 같아 부당함을 참고 있는데, 어떻게 지혜롭게 헤쳐 나갈 수 있을까요?

**김관성** ◦ 부교역자와의 담임목사와의 관계에 있어서의 갈등은 100% 담임목사의 문제라고 생각합니다. 충분히 사랑과 신뢰를 주지 않았다든지, 부교역자들을 부속품처럼 여겼다든지, 부교역자들을 자기 목회를 위한 수단으로 삼았다면 갈등이 생깁니다. 어지간해서는 부교역자가 담임목사의 목회적인 권위의 도전하지 않는다고 생각합니다. 불만이 점점 축적되었을 때 그런 식으로 표현되는 것입니다. 자기 목회가 너무 수직적이지는 않은지,

평상시 인격적이지 않고 친밀함이 결여된 언어를 구사하고 있지
는 않은지 아주 객관적인 피드백을 받아 볼 필요가 있습니다.

**최병락** 。 내가 부당하다고 느낄 때, 상대방에게도 나름 이유가
존재합니다. 내가 당한 부당함을 전면에 내세우기보다, 지혜롭게
다가가 자신의 문제점이 무엇인지 물어보는 것이 좋습니다. 대답
여부와 상관없이 상대방의 반응이 어느 정도 달라지는 것을 보게
됩니다. 소통이 없으면 고통이 온다는 말이 있습니다. 일방적으
로 당하고 그것을 참고 견디면 소통이 될 수 없습니다. 소통을 위
해 최선을 다하고, 그 최선 뒤에도 불가하다고 판단이 되었을 때
다른 방법을 찾아보아야 합니다.

> 교회 규모가 작아 사모가 교육이나 기도회 인도 등을 담당
> 하고 있습니다. 성경으로나 신학적으로 사모의 역할 기준이
> 따로 있는지요?

**최병락** 。 따로 없다고 봅니다. 남편인 목회자가 잘 지도해 주어
안전한 범위를 지키면 된다고 봅니다. 사모는 교회를 가장 사랑
하는 사람입니다. 구경꾼으로 남겨 두어서는 안 됩니다. 사모도
주님의 부름을 받은 사역자이고 받은 달란트를 주를 위해 사용하

고픈 성도입니다. 기술보다는 사랑이 교육에는 더 효과적이기 때문에 주일학교 교육이나 기도회 인도도 가장 탁월하게 할 수 있다고 생각합니다. 물론 지나친 열정으로 담임목회자의 열정 범위를 초월하거나, 최고 리더십인 담임목회자의 가이드라인이 통하지 않을 때는, 그 열심이 교회를 오히려 힘들게 할 수 있습니다. 사모의 역할은 따로 없습니다. 목회자와 함께 맡겨 주신 교회와 성도를 잘 이끌고 돌보며 목양하는 것이 좋다고 생각합니다.

**김관성** ◦ 중요한 것은 달란트입니다. 어지간하면 남편과 아내의 기본적인 신학과 신앙과 목회의 색깔은 닮는다고 생각합니다. 만약 사모에게 가르치는 달란트가 있다면 맡기는 것도 괜찮다고 봅니다.

> 자녀 교육이 늘 고민입니다. 사교육이나 유학을 결정할 때
> 어떤 기준을 가져야 할까요?

**김관성** ◦ 두 가지 요소를 고려해서 결정하면 된다고 생각합니다. 첫 번째는 자녀가 외국에서 공부를 감당할 수 있는가. 두 번째는 목회자 자신의 사례비로 아이의 교육을 책임질 수 있는가. 이 두 가지가 가능하다면 괜찮다고 생각합니다. 이것이 교회에서 문제

가 되는 이유는 교회 재정으로 무리하게 자녀를 교육시키고 유학 보내기 때문입니다. 두 가지 요소가 충족되지 못한다면 자제하는 것이 옳다고 생각합니다.

**최병락 。** 목회자의 자녀가 부모 때문에 큰 희생을 겪게 해서는 안 됩니다. 예전에 존경받는 어느 목사님이 교인들의 자녀가 다 공업고등학교를 들어가는 지역 환경 때문에 자녀를 억지로 공업 고등학교에 입학시키고 졸업 후에 공장에 취직시켰다고 간증하는 것을 들었습니다. 자녀가 그것을 원했다면 당연히 박수받을 일이지만, 자녀의 눈에 피눈물 나게 하는 행동이라면 지양해야 합니다. 부모의 믿음과 자녀의 믿음은 일치하지 않습니다. 자녀의 청지기로 우리를 불렀지, 그의 미래를 마음껏 결정하는 권한을 주시지는 않았습니다. 자녀와 좋은 소통의 관계를 가지고 진정으로 원하는 것이 있다면 부모는 최선을 다해서 그 길을 열어 주어야 합니다.

꿈도 없고 재능도 없는데, 억지로 유학을 보내거나 사립학교에 우선 넣고 보자는 식의 교육은 성도들에게도 공감대를 얻기 힘들고 성경적 자녀 교육도 아닙니다. 하나님이 자녀를 이끌어 가시는 방식과 방향을 여유 있게 지켜보면서 따라가는 것이 가장 좋다고 생각합니다.

제 딸은 심리학으로 미국에서 제일 좋은 주립대학을 다니고 있었는데, 하나님께서 딸의 마음에 계속해서 바이블칼리지에 대한 감동을 주셔서 상담을 요청해 왔습니다. 세상 기준에서는 절대로 허락을 할 수 없는 일이지만, 하나님이 키우시는 자녀라는 관점에서는 반대할 이유가 전혀 없었습니다. 딸은 대학 4학년으로 편입하고 지금 열심히 크리스천 심리학을 배우고 있습니다. 아주 행복해하고, 이전에 꿈꾸지 못했던 새로운 꿈을 야심차게 꾸면서 즐겁게 공부하고 있습니다. 하나님께서 자녀를 어떻게 이끌어 가시는지를 우선 보고 그 인도하심이 유학이나 사립학교라면 반대할 이유는 없다고 봅니다.

## 글을 잘 쓰고 싶어요. 실용적인 훈련 방법이 있을까요?

**김관성** ◦ 실용적으로 제일 좋은 것은 SNS 공간에 글을 쓰는 것입니다. 정성스럽게 글을 쓰면 정성스럽게 댓글이 달리고, 대충 쓰면 대충 댓글이 달립니다. 피드백이 그때그때 오기 때문에 댓글로 내용이 보충되기도 합니다. SNS를 너무 가벼운 용도로 사용하지 말고 좀 더 진지하게 자기 생각을 펼치는 장으로 활용하면, 굉장히 유용한 도구가 될 수 있다고 봅니다.

**최병락** ◦ 목회자는 평생 글 쓰는 사람이 되어야 합니다. 설교 원고를 요약본으로 준비하지 말고 완전한 문장으로 작성하는 습관을 들이면 좋습니다. 저는 주일 설교, 수요일 설교, 금요일 설교 등 모든 설교의 원고를 완벽하게 씁니다. 예화도 모두 씁니다. 그리고 언어 조탁, 동의어 점검 후 제거, 주어 동사 일치 점검, 불필요한 내용의 중복 여부를 가려내어 과감하게 삭제하는 일 등을 성실하게 합니다. 이런 지속적인 훈련이 글쓰기에 도움이 됩니다. 당연히 좋은 글은 좋은 독서에서 나오기 때문에 많이 읽는 것은 평생의 습관이 되어야 합니다.

# 에필로그

친구와 손을 잡고 신학교에 입학하던 날이 생생하게 떠오릅니다. 신실하고 좋은 목사가 되자고 서로를 격려하며 어깨동무하고 함께 걸었지요. 그리고 우리는 각자의 자리에서 주님께 충성하며 여기까지 왔습니다.

  사랑하는 친구, 최병락 목사와 저의 관계를 생각하면 늘 생각나는 소설이 한 권 있습니다. 아사다 지로의 《창궁의 묘성》이 바로 그것입니다. 이 작품은 19세기 청나라 말을 배경으로 합니다. 두 사람의 주인공이 등장하는데, 이춘운과 양문수입니다. 같은 동네에서 형, 동생으로 자라면서 가장 친한 친구로 지내지요. 춘아(이춘운)는 지독한 가난 속에서 살아갑니다. 죽은 형과 아픈 형은 항상 그의 삶을 짓누르지요. 동시에 동생이라는 짐까지 짊어진 채 정말 고통스럽게 살아갑니다. 생계를 감당하기 어려워 똥을 주워 입에 풀칠하지요. 가도 가도 끝이 보이지 않는 고통을 견디면서, 이춘운은 백태태라는 인물의 점괘를 믿고 자신의 운명을 개척해 나갑니다. 결국, 그는 환관이 되고 종국에는 환관으로 최고의 자리까지 올라갑니다. 양문수는 주변의 그 어떤 누구도 그의 삶에 대해 기대하지 않는 인생이었습니다. 그런 현실 속에서 과거에 1등으로 급제해 자금성에 입성한 후 진사가 되지요. 이들은 서태후와 광서제를 자신의 자리에서 각각 모시게 됩니다. 운명의 장난일까요? 둘은 정치적으로 서로 반대편에 서게 됩니다. 이 책의 백미가 바로 그 지점인데 두 사람은 다른 길을 걷고 다른 사람을 섬기면서도 서로를 한없이 존중합니다. 치열한 권력 싸움과 상반된 정치적 입장 속에서도 두 사람의 우정은 변함이 없고 오히려 더 단단해집니다. 그 어떤 삶의 조건도 두 사람을 갈라놓지 못하지요.

이 책을 읽으면서 다른 길, 다른 목회, 다른 사람을 목양하면서 여기까지 걸어온 최병락 목사의 소명과 저의 부르심을 참 많이 생각했습니다. 제가 내린 결론은 우리 두 사람의 소명에는 '누가 더 낫고 못나고가 없다'입니다. 주님을 위해 살았던 시간과 역할이 다를 뿐, 서로를 향한 애틋하고 신실한 우정은 더 굳

건해졌습니다. 주님을 향한 사랑과 믿음도 더 자랐습니다. 이것이 최병락 목사와 제가 주 안에서 누리는 큰 은혜이며 복이라고 믿습니다.

그래서 그가 목회에 대해서, 설교에 대해서, 개척에 대해서, 성도와 부사역자와의 관계에 대해서 자신의 소신을 토할 때, 어떤 이야기들이 터져 나올까 더욱 궁금했고, 나와 다른 목회 경험을 통과하면서 그가 깨달은 내용을 배우겠다는 마음으로 경청했습니다.

역시! 최병락 목사는 저의 기대를 저버리지 않았습니다. 저의 생각과 경험들도 이 책에 담겼지만, 이 대담의 기회가 제게도 참 유익했습니다. 목회와 설교에 대해 미처 알지 못했던 많은 것들을 최 목사를 통해 배웠고, 무엇보다 목회를 조금 더 균형감 있게 바라보는 계기가 되었습니다.

더욱이 함께 마음을 나누고 생각을 공유한 이야기들이 책으로 묶여 나온다니 너무 설레고 큰 선물을 받는 기분입니다. 누군가의 마음을 조금이라도 위로하고, 깨우침을 주고, 도전을 안길 수 있다면 저와 최 목사는 그 역할을 다한 것이겠지요? 어설프고 부족한 생각들이 담겨 있어도 따뜻한 시선으로 봐주셨으면 하는 마음으로 글을 마무리합니다.

김관성 목사